Hinter dem Sachregister befindet sich ein ausführliches Verzeichnis der

Guttentagschen Sammlung

Deutscher Reichs- und Preußischer Gesetze

— Textausgaben mit Anmerkungen; Taschenformat —,

die alle wichtigeren Gesetze in unbedingt zuverlässigem Abdruck und mit mustergültiger Erläuterung wiedergibt.

Guttentagsche Sammlung
Nr. 164a. Deutscher Reichsgesetze. Nr. 164a.
Textausgaben mit Anmerkungen und Sachregister.

Die Vorschriften über Aufwertung von Versicherungsansprüchen

eingehend erläutert von

Dr. jur. Ludwig Berliner
Regierungsrat

Ernst Pfaffenberger
Oberregierungsrat

ständige Mitglieder im Reichsaufsichtsamt für Privatversicherung

Teil II:

Sach- und Transportversicherung; Unfall- und Haftpflichtversicherung

Berlin und Leipzig 1926.
Walter de Gruyter & Co.
vormals G. J. Göschen'sche Verlagshandlung — J. Guttentag, Verlagsbuchhandlung — Georg Reimer — Karl J. Trübner — Veit & Comp.

Teil I

hat zum Gegenstande:

Ansprüche aus Lebensversicherungsverträgen sowie aus solchen Kranken-, Unfall- und Haftpflichtverträgen, für die ein Prämienreservefonds zu bilden war.

Teil II

hat zum Gegenstande:

Alle sonstigen Versicherungsansprüche (im besonderen Feuer-, Einbruchdiebstahl-, Wasserleitungsschäden-, Transport-, See-, Aufruhr- und Kreditversicherung sowie die nicht in Teil I behandelten Fälle aus der Kranken-, Unfall- und Haftpflichtversicherung).

Inhaltsverzeichnis.

Abkürzungen.

AG. = Aufwertungsgesetz vom 16. Juli 1925.
AVB. = Allgemeine Versicherungsbedingungen.
BGB. = Bürgerliches Gesetzbuch.
DVO. = Durchführungsverordnung zum Aufwertungsgesetze, vom 29. November 1925.
FGG. = Reichsgesetz über die Angelegenheiten der freiwilligen Gerichtsbarkeit.
HGB. = Handelsgesetzbuch.
JW. = Juristische Wochenschrift.
KO. = Konkursordnung.
RGE. = Reichsgerichtsentscheiduug.
RGSt. = Entscheidungen des Reichsgerichts in Strafsachen.
RGZ. = Entscheidungen des Reichsgerichts in Zivilsachen.
Teil I = Berliner-Pfaffenberger, Aufwertung von Versicherungsansprüchen, Teil I (Lebensversicherung); s. oben S. 4.
VerAfP. = Veröffentlichungen des Reichsaufsichtsamts für Privatversicherung.
VAG. = Reichsgesetz über die privaten Versicherungsunternehmungen vom 12. Mai 1901 (Reichsgesetzbl. S. 139).
VO. = Verordnung über die Aufwertung von Versicherungsansprüchen vom 22. Mai 1926.
VVG. = Reichsgesetz über den Versicherungsvertrag vom 30. Mai 1908 (Reichsgesetzbl. S. 263).
ZPO. = Zivilprozeßordnung.

Artikel ohne weitere Angabe beziehen sich auf die VO.

Einleitung.

Die Aufwertung der privaten Versicherungs-ansprüche.

I. Allgemeines.

Durch § 59 Abs. 2 des Aufwertungsgesetzes vom 16. Juli 1925 (Reichsgesetzblatt Teil I, S. 117) ist die Reichsregierung oder die von ihr bestimmte Stelle ermächtigt worden, Bestimmungen über die Voraussetzungen, die Art und die Höhe der Aufwertung von Ansprüchen der Versicherten aus Versicherungsverträgen anderer Art als der in § 59 Abs. 1 genannten Lebens-, Unfall- und Haftpflichtversicherungsverträge zu erlassen. In den Erläuterungen der Reichstagsvorlage (Drucksache Nr. 804 S. 14 zu § 8 Abs. 3) ist ausdrücklich darauf hingewiesen, daß die Ermächtigung der Reichsregierung bezüglich der Aufwertung jener (unter den § 59 Abs. 2 AG. fallenden) Versicherungsansprüche freie Hand gibt, und daß sie im besonderen auch die Aufwertung einzelner Ansprüche ausschließen oder beschränken kann. Die auf Grund der Ermächtigung am 22. Mai 1926 erlassene VO. über die Aufwertung von Versicherungsansprüchen ist im Deutschen Reichsanzeiger Nr. 118 vom 25. Mai 1926 sowie im Reichsgesetzblatt Teil I, Nr. 31 S. 259 vom 1. Juni 1926 veröffentlicht worden. (Wegen der historischen Entwicklung bis zum Erlaß des AG. vgl. den Abschnitt A, Geschichtlicher Überblick in Teil I, S. 9ff.)

Die Notwendigkeit, auch über die Aufwertung der Sachversicherungsverträge sowie der sonstigen durch AG.

§ 59 Abs. 2 erfaßten Versicherungen besondere Bestimmungen zu treffen, ergab sich aus der Eigenart der Verhältnisse und der wirtschaftlichen Lage bei den in Betracht kommenden Versicherungsunternehmungen. Eine Aufwertung von Versicherungsansprüchen kann nur nach dem Maße der vorhandenen Deckungsmittel erfolgen. Für Entschädigungsansprüche, die aus einer früheren Zeit als dem laufenden Geschäftsjahr stammen, stehen aber nach versicherungstechnischen Grundsätzen nur die Schadenreserven zur Verfügung, die durch den Währungssturz bis auf einen geringen Bruchteil ihres Goldwertes zusammengeschmolzen sind. Hierbei ist vor allem zu berücksichtigen, daß die Gesellschaften in der Anlage ihres Vermögens gewissen gesetzlichen Beschränkungen unterworfen waren und infolgedessen vielfach nicht in der Lage waren, sich und ihre Versicherten vor den Folgen der Geldentwertung zu schützen. Anlagen, die bis zu einem gewissen Grade wertbeständig waren, gab es in nennenswertem Umfang überhaupt erst im Laufe des Jahres 1923, und die Beschaffung von ausländischen Werten als Vermögensanlagen kam infolge der Devisenvorschriften kaum in Frage. Die neuen Gold- und Reichsmarkeinnahmen sind anderseits in vollem Umfang notwendig und bestimmt zur Sicherstellung der Versicherungsansprüche der Gold- und Reichsmarkversicherten und können daher nicht zur Deckung von Aufwertungsansprüchen aus Papiermarkforderungen herangezogen werden. Gründe dieser Art waren im wesentlichen dafür ausschlaggebend, daß in der VO. die Höhe der Aufwertung grundsätzlich ziffermäßig fest begrenzt wurde.

Der Erlaß besonderer gesetzlicher Bestimmungen erschien auch erforderlich mit Rücksicht auf die Verschiedenartigkeit der bisher ergangenen gerichtlichen Urteile. (Wegen der Entwicklung der Rechtsprechung sei verwiesen auf: Berliner, Die Aufwertung der Sachversicherungsverträge, Zeitschrift für die gesamte Versicherungswissenschaft 1925, S. 282ff; ferner 1926, S. 235ff; Petersen, Aufwertung und Unfallversicherung JW. 25 S. 197f.) Es dürfte an sich kein Zweifel bestehen, daß bei der Aufwertung die Rechte der Beteiligten wohl am meisten gewahrt werden können, wenn jeweils die Verhältnisse des einzelnen Falles geprüft und dementsprechend die Höhe der Aufwertung festgesetzt wird. Ein solches Vorgehen hätte jedoch gerade auf dem Gebiete des Versicherungswesens zu besonderen Schwierigkeiten führen müssen. Es handelt sich um eine Unmenge gleichliegender typischer Vertragsabschlüsse, und es hätte weder im Interesse der Versicherten selbst noch der Versicherungsgesellschaften gelegen, wenn in jedem einzelnen Falle der maßgebende Rechtszustand, im besonderen also die Aufwertungsquote, nur durch gerichtliches Urteil — vielleicht sogar erst nach Anrufung mehrerer Instanzen — endgültig festgestellt worden wäre.

Daß eine gesetzliche, nach gewissen einheitlichen Gesichtspunkten erfolgende Regelung der Aufwertung nicht den Wünschen aller Beteiligten Rechnung tragen kann, ist selbstverständlich. Wesentlich ist aber anderseits, daß endlich eine Beruhigung eintritt, und daß die Beteiligten wenigstens in den Regelfällen sich an gewisse Rechtsgrundsätze halten können. Unter diesem Gesichtspunkt ist der Erlaß der VO. durchaus zu begrüßen. Es wäre bedauerlich, wenn mit Rücksicht auf in der letzten Zeit laut gewordene Stimmen die Auffassung sich Bahn brechen würde, daß § 59 Abs. 2 als in Widerspruch mit Artikel 68 Abs. 2 der

Reichsverfassung stehend ungültig sei. Dieser Meinung ist Mügel (zu AG. § 59 Abs. 2), während Lammers (JW. 25, S. 2405) in beachtenswerten Ausführungen sich auf den gegenteiligen Standpunkt stellt. Beide gehen von der in Staatspraxis und Rechtsprechung sowie im wesentlichen auch im Schrifttum herrschenden Ansicht aus, daß die gesetzgebende Gewalt ihre Befugnis zum Erlaß von Rechtsvorschriften ohne eine Verletzung des Art. 68 Abs. 2 der Reichsverfassung durch einfaches Reichsgesetz auf die Reichsregierung übertragen kann, wenn der Kreis der übertragenden Befugnisse sachlich bestimmt und beschränkt ist (vgl. RGSt. 55, 246; JW. 1924, S. 129; ferner RG.-Urteil vom 19. März 1924 in JW. 1924, S. 983). Während nach der Ansicht Mügels diese Voraussetzungen im Falle des AG. § 59 Abs. 2 nicht gegeben sein sollen, hält Lammers sie für vorliegend und kommt zu dem Ergebnis, daß an der verfassungsrechtlichen Gültigkeit der Ermächtigung trotz ihrer wirtschaftlichen Tragweite nicht gezweifelt werden kann. Zu dem gleichen Schluß kommt Kersting (Österreichische Revue 1925, S. 201).

Der Erlaß der VO. ist als rechtsgültig anzusehen. Reichsregierung und Reichsjustizminister haben, indem sie trotz Kenntnis der erwähnten Bedenken sich zu der getroffenen Regelung entschlossen haben, zum Ausdruck gebracht, daß sie ebenfalls die Ermächtigung des AG. § 59 Abs. 2 für rechtsgültig ansehen.

Während Teil I die Erläuterungen zu den Vorschriften über Aufwertung der Lebensversicherungsansprüche sowie im wesentlichen der Ansprüche aus solchen Kranken-, Unfall- und Haftpflichtversicherungsverträgen enthält, für die vor dem 14. Februar 1924 ein Prämienreservefonds zu bilden war (AG. § 59 Abs 1, DVO. Art. 95 bis 116), befaßt sich der vorliegende Teil II mit den sonstigen Versicherungsansprüchen, im besonderen denen aus Sachversicherungsverträgen sowie ferner z. B. aus Haftpflichtversicherungsverträgen, für die vor dem 14. Februar 1924 ein Prämienreservefonds nicht zu stellen war.

Um eine Gesamtübersicht über die Aufwertung der Versicherungsansprüche überhaupt zu geben, sollen die nachstehenden Ausführungen sich auf sämtliche Versicherungszweige erstrecken; es soll also die Regelung der Aufwertung nach der VO. sowie in kurzen Zügen auch die Aufwertung der Lebensversicherungen und der diesen in AG. § 59 Abs. 1 gleichgestellten Versicherungsansprüche besprochen werden.

II. Lebensversicherung.

Bei der Lebensversicherung wird eine Teilungsmasse gebildet und von einem Treuhänder verwaltet. Die zur Verteilung kommende Masse (Aufwertungsstock) setzt sich zusammen: aus dem aufgewerteten Vermögen der Versicherungsunternehmung sowie unter Umständen aus einem dem sonstigen Vermögen der Unternehmung entnommenen Beitrag. Dieser Aktivmasse wird die Summe der auf den 14. Februar 1924 in Goldmark berechneten Reserven (in der Hauptsache die Prämienreserve) sämtlicher Versicherter gegenübergestellt. Das Verhältnis zwischen Aktivmasse und Gesamtheit dieser Reserven bildet den Aufwertungssatz. Letzterer kann je nach Lage des Falles bei jeder Versicherungsgesellschaft – z. B. verschiedenartige Zusammensetzung der aufgewerteten Vermögensanlagen (Hypotheken: Aufwertungssatz im allgemeinen 25 v. H., Staatsanleihen: erheblich niedriger — ein anderer sein. (Beispiel: Aufwertungsstock: 25 Millionen Goldmark; Summe der Reserven: 250 Millionen Goldmark. Der Aufwertungssatz beträgt 10 v. H.). Der dem Aufwertungssatz entsprechende Teil — in dem erwähnten Beispiel also 10 v. H. — des auf den 14. Februar 1924 versicherungstechnisch berechneten Goldwertes seiner Versicherung ist der auf den einzelnen Versicherten entfallende Aufwertungsanteil. Dieser Aufwertungsanteil wird entweder unter gewissen Voraussetzungen bar ausgezahlt oder bildet die Grundlage für eine neue Lebensversicherung. AG. § 59 Abs. 1, DVO. Art. 95ff. Näheres s. Teil I.

III. Feuer-, Einbruchsdiebstahl-, Wasserleitungsschäden-, Glas-, Aufruhr-, Einheits- und Kreditversicherung.

Die Aufwertung erfolgt bei diesen Versicherungen in Höhe von 50 v. H. Ausgangspunkt für die Berechnung ist der Geldentwertungsschaden, also der Betrag, um den sich der nach der Umrechnungstabelle des AG. auf den 30. Tag nach der Schadensanzeige berechnete Goldmarkwert der vertragsmäßigen Entschädigungssumme in der Zeit zwischen diesem Tage und dem Tage der Zahlung vermindert hat. (VO. Art. 3.)

Beispiel: Entschädigungssumme 10 Millionen Papiermark. Der 30. Tag nach der Schadensanzeige sei der 28. April 1923 gewesen, Auszahlungstag der 4. Juni 1923. Die Zahlung wurde nicht als Erfüllung angenommen. (VO. Art. 5, Abs. 1; s. unten XIII).

Goldmarkwert der Entschädigungssumme
am 28. 4. 23 . . . . 3140,—
Goldmarkwert der Entschädigungssumme
am 4. 6. 23 . . . . 1366,—
Geldentwertungsschaden . . . . 1774,—

Der Aufwertungsbetrag beläuft sich auf die Hälfte hiervon = 887 Reichsmark.

Soweit überhaupt noch keine Zahlung erfolgt ist, wird 50 v. H. des auf den 30. Tag nach der Schadensanzeige berechneten Goldmarkbetrags der vertragsmäßigen Entschädigungssumme gewährt, im obigen Beispiel also die Hälfte von 3140,— = 1570,— Reichsmark.

Weitere Beispiele siehe unten S. 70 f., ferner S. 71 (Unterversicherung), und S. 72 ff. (Teilzahlungen).

IV. Haftpflichtversicherung.

Hier sind drei Gruppen zu unterscheiden:

a) Ansprüche aus Haftpflichtversicherungsanträgen, für die vor dem 14. Februar 1924 ein Prämienreservefonds zu bilden war (ausgenommen Ansprüche aus Haftpflichtversicherungsverträgen mit unbegrenzter Deckung sowie aus lebenslänglichen Haftpflichtversicherungsverträgen): In Betracht kommen hier nur Fälle, in welchen auf Grund eines eingetretenen Schadens vor dem 14. Februar 1924 die Verpflichtung zur Zahlung einer Haftpflichtrente entstanden ist.

Für diese Fälle ist die gleiche Regelung getroffen wie für Lebensversicherungsansprüche. Das unter II. Gesagte gilt entsprechend. Maßgebend sind AG. §§ 59 bis 61 sowie DVO. Art. 95 ff.

b) Ansprüche aus Haftpflichtversicherungsverträgen, für die vor dem 14. Februar 1924 kein Prämienreservefonds zu bilden war, einschließlich der Ansprüche aus Haftpflichtversicherungsverträgen mit unbegrenzter Deckung und aus lebenslänglichen Haftpflichtversicherungsverträgen, jedoch mit Ausnahme von Ansprüchen aus Haftpflichtversicherungsverträgen mit begrenzter Deckung (siehe unten c).

Der Aufwertungssatz beträgt hier 20 v. H. Der Berechnung zugrundegelegt wird der — gegebenenfalls nach der Umrechnungstabelle des AG. berechnete — Goldmarkwert der nach dem Versicherungsvertrage zu erstattenden Haftpflichtschuld. (VO. Art. 2, Abs. 1, Satz 1).

Beispiel: Ein unbegrenzt gegen Haftpflicht versicherter Automobilbesitzer ist wegen Überfahrens einer Person im Jahre 1923 gemäß Urteil, Vergleich oder Anerkenntnis zur Zahlung einer Entschädigung von 25000 Gold- oder Reichsmark verpflichtet. Hier hat die Versicherungsgesellschaft auf Grund des früher abgeschlossenen, zur Zeit des Schadenfalles laufenden Papiermarkversicherungsvertrages 20 v. H. = 5000 Reichsmark zu ersetzen. —

Die im Versicherungsvertrag vorgesehene Verpflichtung der Versicherungsgesellschaft, die Kosten des Haftpflichtprozesses zu tragen, bleibt mit der Maßgabe bestehen, daß die Gesellschaft auch für diese Kosten nur im Verhältnis ihrer Aufwertungsleistung zur Gesamthöhe der Haftpflichtschuld aufzukommen hat. (VO. Art. 2, Abs. 2.)

Weitere Beispiele siehe unten S. 53f.

c) Ansprüche aus Haftpflichtversicherungsverträgen mit begrenzter Deckung, soweit für sie vor edm 14. Februar 1924 kein Prämienreservefonds zu bilden war (es handelt sich um die Fälle, in welchen die Leistung der Versicherungsunternehmung durch eine Höchstgrenze [Versicherungssumme] begrenzt ist).

Zunächst gilt das gleiche wie zub. Vergütet werden also grundsätzlich 20 v. H. der Haftpflichtschuld. Eine Einschränkung besteht unter Umständen insofern, als die Leistung der Versicherungsgesellschaft nicht höher sein kann als der Goldmarkbetrag der Höchstgrenze (Versicherungssumme). Der Goldmarkbetrag wird erforderlichenfalls nach der Umrechnungstabelle des AG. berechnet. Maßgebender Stichtag ist regelmäßig der Tag, an dem die Prämie für die bei Eintritt des Schadensereignisses oder des schadenstiftenden Verstoßes laufende Versicherungsperiode fällig war. Ist die Prämie für mehrere Versicherungsperioden vorausbezahlt worden, so ist der Tag der Prämienzahlung maßgebend. (VO. Art. 2, Abs. 1, Satz 2, 3.)

Beispiele: a) Angenommen im Beispiel unter III, b habe es sich um einen Versicherungsvertrag mit einer Versicherungssumme von 150000 Papiermark gehandelt. Der Schaden (in Höhe von 25000 Goldmark) sei am 8. April 1922 eingetreten, die letzte Prämie am 15. Januar 1922 fällig gewesen. Der Goldmarkbetrag der Versicherungssumme (Höchstsumme) beträgt hier 3750 Goldmark. An Stelle von 5000 Reichsmark (s. oben Beispiel III, b) sind daher von der Gesellschaft nur 3750 Reichsmark zu zahlen.

b) Der Tatbestand sei der gleiche wie im Beispiel a), es sei jedoch im Monat März 1919 eine Prämienvorauszahlung für mehrere Jahre erfolgt. Hier beträgt (nach der Tabelle sind 10 Papiermark = 4 Goldmark) der Goldmarkbetrag der Versicherungssumme 60000. Es werden daher die 5000 Reichsmark im Beispiel III, b voll ersetzt.

Weitere Beispiele siehe unten S. 56 f.

V. Binnentransport- und Seeversicherung.

Hier sind ebenfalls drei Gruppen zu unterscheiden:

a) Versicherungen von Transportmitteln und Gütern. Diese Versicherungen werden behandelt wie die sonstigen Sachversicherungen. Der Aufwertungssatz ist 50 v. H.; ausgegangen wird vom Geldentwertungsschaden. Vgl. oben III.

b) Transporthaftpflichtversicherung bei der Binnentransportversicherung: es handelt sich z. B. um Fälle, in denen der Versicherte infolge eines Zusammenstoßes von Schiffen mittelbar dadurch einen Schaden erleidet, daß er den einem Dritten zugefügten Schaden zu ersetzen hat. (Haftung für sog. mittelbare Kollisionsschäden; VVG. § 129, Abs. 2, Satz 2.)

Die VO. sieht in Art. 2 Abs. 3 vor, daß bei derartigen Ansprüchen, soweit also der Versicherte auf Grund des Versicherungsvertrags die Befreiung von einem gegen ihn geltend gemachten Haftpflichtanspruch verlangen kann, die besprochenen Vorschriften über Aufwertung in der Haftpflichtversicherung (oben IV, b und c) Anwendung finden.

c) Mittelbare Kollisionsschäden (s. oben b) bei der Seeversicherung (Seekaskohaftpflichtversicherung).

Hier wird die Höhe der Aufwertung nach Maßgabe der allgemeinen Vorschriften im einzelnen Falle durch die zuständige Aufwertungsstelle des Ortes festgesetzt, an dem der Versicherungsschein gezeichnet wurde. Ist jedoch der Versicherungsanspruch vor dem 1. November 1925 durch Klage des Versicherten gegen den Versicherer rechtshängig geworden, so entscheidet anstatt der Aufwertungsstelle das Prozeßgericht.

VI. Unfallversicherung.

Hier kommen folgende zwei Gruppen in Betracht:

a) Ansprüche aus Unfallversicherungsverträgen, für die vor dem 14. Februar 1924 ein Prämienreservefonds zu bilden war (in Frage kommen drei Arten von Verträgen: zunächst die gegen einmalige Prämien abgeschlossenen lebenslänglichen Eisenbahn- und Dampfschiff-Unglücksversicherungen, ferner die Rückgewähransprüche aus Unfallversicherungen mit Prämienrückgewähr und außerdem bei den vor dem 14. Februar 1924 eingetretenen Versicherungsfällen die Ansprüche auf Unfallrenten).

Die Aufwertung geht in diesen Fällen in der gleichen Weise wie bei Lebensversicherungen vor sich (s. oben II). Die gesetzliche Regelung findet sich in AG. §§ 59 bis 61 sowie in DVO. Art. 95ff.

b) Ansprüche aus Unfallversicherungsverträgen, für die vor dem 14. Februar 1924 ein Prämienreservefonds nicht zu bilden war (hierunter fallen alle nicht unter a genannten Versicherungen).

Die Aufwertung dieser Ansprüche regelt sich nach den Vorschriften für die Sachversicherung (oben III).

VII. Krankenversicherung.

Die Frage der Aufwertung dürfte bei der Krankenversicherung kaum eine Rolle spielen. Auch hier ist zu trennen zwischen Ansprüchen, für welche vor dem 14. Februar 1924 ein Prämienreservefonds zu bilden war, und sonstigen Ansprüchen. Im ersteren Falle gelten die Vorschriften für die Lebensversicherung (oben II), im zweiten Falle die für die Sachversicherung (oben III).

VIII. Hagel- und Viehversicherung.

Für die Hagel- und Viehversicherung ist die Aufwertung in VO. Art. 9 ausdrücklich ausgeschlossen worden.

IX. Rückversicherung.

Für die Rückversicherung ist in VO. Art. 10 vorgeschrieben worden, daß die Bestimmungen der VO. keine Anwendung finden. Die Entscheidung der hier auftauchenden Fragen ist somit vollkommen der Entscheidung der ordentlichen Gerichte oder der in den Rückversicherungsverträgen meist vorgesehenen Schiedsgerichte überlassen.

X. Sonstige Versicherungen.

Für alle bisher nicht ausdrücklich aufgeführten Versicherungszweige und Versicherungsarten gelten die Aufwertungsvorschriften für die Sachversicherung (oben III). Wenn jedoch der Versicherte auf Grund des Versicherungsvertrages die Befreiung von einem gegen ihn geltend gemachten Haftpflichtanspruch verlangen kann, finden ebenso wie bei der Transporthaftpflichtversicherung (oben V, c) insoweit die Aufwertungsvorschriften von VO. Art. 2 Abs. 1 für die Haftpflichtversicherung Anwendung (VO. Art. 2 Abs. 3).

XI. Herabsetzung der Aufwertung.

Das AG. kennt verschiedentlich (z. B. §§ 8, 34, 52 usw.) Bestimmungen über die Herabsetzung der Aufwertungsleistung mit Rücksicht auf die Besonderheiten des einzelnen Falles. In zum Teil ähnlicher Weise ist auch bei Versicherungsansprüchen im Sinne von AG. § 59, Abs. 2 dem Schuldner, also der Versicherungsgesellschaft die Möglichkeit gegeben, eine Herabsetzung der Aufwertung zu verlangen. Letzteres kann dann geschehen (VO. Art. 4), wenn die Herabsetzung mit Rücksicht auf die wirtschaftliche Lage des Versicherers, im besonderen auch auf erhebliche, auf den Währungsverfall zurückzuführende Vermögensverluste unabweisbar erscheint.

Über die Herabsetzung entscheidet ausschließlich die für den Sitz des Versicherers zuständige Aufwertungsstelle. Das Verfahren vor der Aufwertungsstelle, für das im allgemeinen die Vorschriften des AG. und der DVO. maßgebend sind, weist einige Besonderheiten auf. Wegen der Schwierigkeiten, die namentlich die Beurteilung der Leistungsfähigkeit einer Versicherungsgesellschaft bieten, hat die Aufwertungsstelle — oder gegebenenfalls das Landgericht — auf Antrag einer Partei das Gutachten eines von der Aufsichtsbehörde, bei nicht aufsichtspflichtigen Versicherungszweigen vom Reichsaufsichtsamt für Privat-Versicherung, Berlin W 15, Ludwigskirchplatz 3/4, zu bezeichnenden Sachverständigen einzuziehen. Das

Gericht ist an das Gutachten des Sachverständigen, der aus den gleichen Gründen wie sonstige Sachverständige abgelehnt werden kann, nicht gebunden. Es kann noch die Gutachten weiterer Sachverständiger einholen. Die Entscheidung der Aufwertungsstelle gilt zunächst nur hinsichtlich des Versicherten, für dessen Aufwertungsanspruch sie angerufen worden ist. Hat die Aufwertungsstelle, die infolge der Vorschrift über die ausschließliche Zuständigkeit für die einzelnen Gesellschaften stets die gleiche ist, einmal eine Entscheidung getroffen, so wird sie grundsätzlich auf diese auch dann zurückgreifen können, wenn ein anderer Versicherter sich seinerseits mit dem ihm von der Gesellschaft angebotenen, herabgesetzten Satze nicht einverstanden erklären will und daher die erneute Anrufung der Aufwertungsstelle erforderlich ist. Im besonderen dürfte es regelmäßig nicht notwendig sein, stets wieder einen von der Aufsichtsbehörde besonders zu benennenden Sachverständigen zu hören; es kann vielmehr auf das bereits erstattete Gutachten Bezug genommen werden. Dies ist auch wesentlich wegen der Kostenfrage. Die Aufwertungsstelle verteilt nämlich die Kosten nach billigem Ermessen; die Versicherungsgesellschaft trägt jedoch die Kosten des Sachverständigen, wenn sie dessen Zuziehung beantragt hat (VO. Art. 4 Satz 6; AG. § 76).

Das vorstehend Gesagte gilt nur für die in der VO. geregelten Ansprüche (siehe oben III, IVb und c, Va und b, VIb, VII und X), mit Ausnahme des Falles der mittelbaren Kollisionsschäden in der Seekaskohaftpflichtversicherung (V, c). Im letzteren Falle entscheidet die Aufwertungsstelle oder das Prozeßgericht ohnedies vollkommen nach freiem Ermessen, es können also die Verhältnisse der Beteiligten bei Festsetzung der Höhe berücksichtigt werden. Selbstverständlich kommt eine derartige Herabsetzung auch nicht bei der Lebensversicherung und den dieser gleich geregelten Versicherungen in Frage, da hier die Aufwertungsquote nach Maßgabe der vorhandenen Mittel festgesetzt wird.

XII. Anmeldung der Ansprüche. Fälligkeit. Stundung.

a) Bei der Lebensversicherung und bei den wie diesen geregelten Fällen ist eine Anmeldung bis auf weiteres nicht erforderlich. Im allgemeinen bleibt hier der im Ver- vorgesehene Fälligkeitstermin maßgebend. Mit Genehmigung der Aufsichtsbehörde können Zahlungen bis zum 31. Dezember 1932 ganz oder teilweise abgelehnt werden. Bei genügend flüssigen Mitteln können auf fällig gewordene Leistungen Vorschüsse gezahlt werden. Finden Zahlungen statt, so sind Bezugsberechtigte in höherem Lebensalter, im besonderen aus Rentenversicherungen, in bevorzugter Weise zu berücksichtigen. (DVO. Artikel 103 bis 105.)

b) Hinsichtlich der übrigen Ansprüche gilt folgendes: Die VO. ist am Tage ihrer Verkündung (VO. Art. 13), also am 25. Mai 1925 in Kraft getreten. Mit diesem Tage sind die Aufwertungsansprüche an sich entstanden; der Versicherte kann die Zahlung sofort verlangen, die Versicherungsgesellschaft hat sie sofort zu bewirken (BGB. § 271). Im Gegensatz zu den Ansprüchen unter a sind die aus der VO. herzuleitenden Forderungen bei der Versicherungsgesellschaft anzumelden. In VO. Art. 5 Abs. 1 ist ausdrücklich ausgesprochen, daß in den Fällen, in welchen eine Aufwertung noch in Betracht kommt, diese nur verlangt werden kann, wenn der Antrag vor dem 1. Oktober 1926 bei dem Versicherer eingeht.

Um anderseits der Versicherungsgesellschaft die Möglichkeit zu geben, sich einen Überblick über die Gesamtheit der zu befriedigenden Ansprüche zu verschaffen, ist in VO. Art. 5 Abs. 3 vorgeschrieben, daß die Aufwertungsstelle auf den Antrag der Gesellschaft Stundung der Leistung bis zu drei Monaten bewilligen kann.

XIII. „Rückwirkung." Vergleiche. Rechtskräftige Urteile.

a) Bei der Lebensversicherung und den dieser gleichgestellten Versicherungen nimmt der Versicherte trotz Empfangs einer Versicherungsleistung am Aufwertungsverfahren teil, falls er sich bei der Annahme der Leistung seine Rechte vorbehalten hat, oder wenn die Annahme — einerlei, ob mit oder ohne Vorbehalt — in der Zeit vom 15. Juni 1922 bis zum 14. Februar 1924 erfolgt ist. (AG. § 60, Abs. 3.) Dies gilt auch dann, wenn in der Rückwirkungszeit ein Vergleich geschlossen, oder ein rechtskräftiges Urteil ergangen ist.

b) Eine ganz andere Regelung ist für die sonstigen Versicherungsansprüche vorgesehen. Soweit nämlich die Versicherungsgesellschaft Zahlung geleistet hat, ist eine Aufwertung grundsätzlich ausgeschlossen. (VO. Art. 5 Abs. 1, Satz 1). Im Gegensatz zur Lebensversicherung, bei welcher also trotz Leistung in der sog. Rückwirkungszeit nachträglich Aufwertung verlangt werden kann, ist in der VO. von einer Rückwirkung abgesehen worden. Dies liegt in der besonderen Eigenart der hier geregelten Versicherungsansprüche. Abgesehen davon, daß kaum Vermögensbestände vorhanden waren, an deren Aufwertung die Versicherten hätten teilnehmen können, hätten auch bei der Wiederaufnahme von Zehntausenden von Fällen die aufzuwendenden Verwaltungskosten in keinerlei Verhältnis zu den Leistungen der Versicherten gestanden. Die für den Ausschluß der Rückwirkung maßgebenden Gründe waren auch bestimmend dafür, daß die Geltendmachung von Aufwertungsansprüchen trotz geleisteter Zahlungen nicht bereits auf einen einfachen Vorbehalt hin für zulässig erklärt wurde, sondern nur dann, wenn der Versicherte es ausdrücklich abgelehnt hat, die frühere Leistung als Erfüllung anzunehmen. Die Bestimmung weicht also bewußt von dem Wortlaut der entsprechenden Vorschriften des AG. (§§ 14, 35, 60 Abs. 3 usw.) ab.

Auch soweit hiernach die Versicherten infolge Nichtannahme als Erfüllung noch Anspruch auf Aufwertung haben, gilt dieser für erloschen, wenn er nicht spätestens vor dem 1. Oktober 1926 geltend gemacht ist.

Hinsichtlich der in der VO. geregelten Ansprüche ist ebenfalls bestimmt, daß Vergleiche, die den Zweck hatten, den Streit oder die Ungewißheit über die Höhe des infolge der Geldentwertung zu zahlenden Betrages zu beseitigen, unberührt bleiben. Ebenso behält es dabei sein Bewenden, wenn durch eine rechtskräftige Entscheidung die Aufwertung bereits eine Regelung gefunden hat. In beiden Fällen kommt es nicht darauf an, ob Vergleich oder rechtskräftiges Urteil in die erwähnte Rückwirkungszeit fallen. Es verbleibt stets endgültig bei dem Inhalt des Vergleichs oder des Urteils. Anderseits ist in VO. Art. 7 bestimmt, daß es bei den geleisteten Zahlungen verbleibt, auch wenn die Versicherungsgesellschaft mehr geleistet hat, als sie nach der VO. zu zahlen verpflichtet ist.

XIV. Ansprüche gegen öffentliche Versicherungsanstalten.

DVO. und VO. beziehen sich nur auf private Versicherungsansprüche. Nicht betroffen werden daher Forderungen gegen Träger der Sozialversicherung (Ortskrankenkassen, Berufsgenossenschaften usw.), soweit nicht als Träger der Sozialversicherung private Versicherungsunternehmungen (Ersatzkassen) in Frage kommen.

Die Versicherungsansprüche können sich gegen private Unternehmungen, meist Aktiengesellschaften oder Versicherungsvereine auf Gegenseitigkeit, aber auch gegen öffentliche Versicherungsanstalten (Sozietäten) richten. Bei den letzteren handelt es sich um Unternehmungen, die als staatliche, provinziale, städtische usw. Betriebe eingerichtet sind und behördlich verwaltet werden. Sowohl in der DVO. als in der VO. sind die öffentlichen Anstalten ausdrücklich erwähnt.

a) Für die Lebensversicherungen sowie die diesen gleichgestellten Versicherungen ist in DVO. Art. 116 bestimmt, daß die Vorschriften über Ansprüche gegen private Unternehmungen entsprechend Anwendung finden; dabei sind die obersten Landesbehörden ermächtigt, die zur Durchführung erforderlichen Anordnungen zu treffen.

b) Eine verschiedenartigere Gestaltung findet sich bei den Versicherungsansprüchen sonstiger Art gegen öffentliche Anstalten. Für die Beurteilung der Rechtslage ist hier zunächst maßgebend, in welcher Weise das Versicherungsverhältnis zustande gekommen ist. Dieses kann nämlich einmal unmittelbar kraft Gesetz entstehen. Ferner kann auch den Versicherten infolge gesetzlichen Zwanges die Verpflichtung auferlegt sein, bei einer bestimmten, nach Landesrecht errichteten öffentlichen Anstalt Versicherung zu nehmen (vgl. VVG. § 192). Drittens kann der Fall vorliegen, daß die Versicherung an und für sich freigegeben ist; wenn aber Versicherung genommen wird, dann muß dies bei einer bestimmten öffentlichen Anstalt des Bezirks geschehen (Monopol=Bannrecht=Gesetzliches Ausschlußrecht). Als vierte Gruppe sind die sog. Wettbewerbsanstalten zu erwähnen, die mit den privaten Versicherungsgesellschaften im Wettbewerb stehen, und bei welchen die Versicherungen vollkommen auf freier Vereinbarung beruhen.

In den drei erstgenannten Fällen — es handelt sich regelmäßig um Gebäudeversicherungen — gelten die Bestimmungen der VO. nicht, es bleiben vielmehr die landesrechtlichen Vorschriften über die Aufwertung von Versicherungsansprüchen unberührt (VO. Art. 12). Für die Wettbewerbsanstalten ist der Inhalt der VO. maßgebend, soweit nicht die obersten Landesbehörden abweichende Bestimmungen treffen; ein Erlaß derartiger Vorschriften ist bisher nicht bekannt geworden.

Um welche Art öffentlicher Anstalten es sich handelt, ist jeweils im Einzelfalle zu prüfen. Bemerkt sei, daß die meisten preußischen Sozietäten weder Zwangs- noch Monopolrechte besitzen.

Es gibt übrigens auch Anstalten gemischten Charakters, d. h. die Anstalten haben für die Versicherung einzelner Sachen Zwangs- oder Monopolrecht, stehen jedoch bezüglich anderer im freien Wettbewerb. Hier richtet sich die Frage, ob die VO. Anwendung findet oder nicht, im einzelnen nach dem jeweils in Betracht kommenden Versicherungsanspruch.

XV. Papiermarkansprüche gegen ausländische Versicherungsunternehmungen.

Grundsätzlich ist anzunehmen, daß das AG. auf alle Rechtsverhältnisse anzuwenden ist, die nach den Regeln des internationalen Privatrechts dem deutschen Rechte unterliegen (Schlegelberger-Harmening, 4. Auflage S. 81; Mügel S. 141). Zu diesen im AG., wenn auch zunächst nur mittelbar, behandelten Gruppen von Rechtsverhältnissen gehören auch die nach § 59, Abs. 2 AG. und der VO. geregelten Versicherungen. Man hat verschiedene Arten von Verträgen mit ausländischen Versicherungsunternehmungen zu unterscheiden. Die Verträge können geschlossen sein:

1. mit einer im Inland zum Geschäftsbetrieb in aufsichtspflichtigen Versicherungszweigen befugten Unternehmung (vgl. VAG. § 85ff). In Betracht kommen z. B. die Feuer-, Einbruchdiebstahl-, Haftpflicht-, Unfallversicherung usw.;
2. in nicht aufsichtspflichtigen Versicherungszweigen mit einer im Inland durch eine Zweigniederlassung oder sonst durch einen Vertreter tätigen ausländischen Versicherungsunternehmung. Hierher gehören vor allem die Transport- und Seeversicherung;
3. im Korrespondenzweg mit einer ausländischen Versicherungsunternehmung hinsichtlich aufsichtspflichtiger oder nichtaufsichtspflichtiger Versicherungen.

Zu 1. Die in Betracht kommenden Verträge unterliegen regelmäßig dem deutschen Recht. Sie sind in der gleichen Weise wie die mit inländischen Versicherungsgesellschaften abgeschlossenen Verträge zu behandeln; es findet also auf sie die VO. Anwendung.

Zu 2. Auch hier wird im allgemeinen deutsches Recht maßgebend sein, also das gleiche gelten wie zu a), falls nicht aus den Umständen oder den Parteivereinbarungen etwas anderes zu entnehmen ist.

Zu 3. Hier ist die Frage des anzuwendenden Rechtes je nach Lage des Einzelfalles zu beurteilen. Regelmäßig kommt, mangels anderer Vereinbarung, das Recht am ausländischen Sitz der Versicherungsunternehmung in Frage, einerlei, ob man sich auf den Standpunkt stellt, daß für die Entschädigungspflicht das Recht des Erfüllungsortes maßgebend ist (RGZ. 95, 164ff.; 96, 270ff.) oder ob man annimmt, daß der Betriebsort der Versicherungsgesellschaft als entscheidend anzusehen ist.

Für die Lebensversicherungen wird hinsichtlich der Frage des anzuwendenden Rechtes im allgemeinen das zu 1 und 3 Gesagte entsprechend zu gelten haben. DVO. Art. 115 enthält eine ausdrückliche Sonderbestimmung Danach finden auf Ansprüche aus Lebensversicherungsverträgen, die mit ausländischen, nicht unter Reichsaufsicht stehenden Unternehmungen abgeschlossen sind, die Vorschriften der DVO. (also die Durchführung eines Verteilungsverfahrens) keine Anwendung; es verbleibt bei den für diese geltenden allgemeinen gesetzlichen Bestimmungen. Darüber, ob eine Unternehmung im Sinne dieser Bestimmung als nicht unter Reichsaufsicht stehend anzusehen ist, entscheidet endgültig das Reichsaufsichtsamt für Privatversicherung. Die Gerichte haben also in diesen Fällen über Grund und Höhe der Aufwertung nach freiem Ermessen zu entscheiden.

XV. Rechtsweg.

a) Bei der Lebensversicherung und den dieser gleichgestellten Versicherungen wird über die Höhe der einzelnen Ansprüche endgültig dadurch entschieden, daß der Teilungsplan durch Genehmigung der Aufsichtsbehörde unter Ausschluß des Rechtswegs festgestellt wird. (DVO. Art. 107.) Die Zuständigkeit der ordentlichen Gerichte kommt nur in Frage, wenn ein angeblich Berechtigter, z. B. infolge Verwirkung, Verjährung, vollkommen von der Beteiligung am Aufwertungsverfahren ausgeschlossen wird.

b) Bei den übrigen Versicherungen entscheiden über Grund und Höhe des Aufwertungsanspruches — gegebenenfalls unter Berücksichtigung der Vorschriften der VO. — grundsätzlich nur die ordentlichen Gerichte. In einigen Sonderfällen ist ausdrücklich die Aufwertungsstelle für zuständig erklärt. Dies ist z. B. geschehen für die Herabsetzung der Aufwertung (siehe oben XI), ferner unter gewissen Voraussetzungen für die Festsetzung der Höhe der Aufwertung bei mittelbaren Kollisionsschäden in der Seekaskohaftpflichtversicherung (siehe oben V, c). Die Aufwertungsstelle kann auch der Versicherungsgesellschaft bis zu drei Monaten Stundung bewilligen (siehe oben XII).

Soweit die Voraussetzungen im einzelnen Falle vorliegen, können an Stelle der ordentlichen Gerichte auch Schiedsgerichte zur Entscheidung berufen sein. Dieser Fall dürfte meist bei den an sich durch die VO. nicht geregelten Aufwertungsansprüchen aus Rückversicherungsverträgen (siehe oben IX) vorkommen.

Gesetz über die Aufwertung von Hypotheken und anderen Ansprüchen. (Aufwertungsgesetz.)

Vom 16. Juli 1925 (RGBl. I S. 117).

(Auszug.)

Achter Abschnitt.

Aufwertung von Versicherungsansprüchen.

I. Geltungsgebiet.

§ 59.

(1) Versicherungsansprüche im Sinne der §§ 60, 61 sind die Ansprüche der Versicherten aus Lebensversicherungsverträgen, ferner die Ansprüche der Versicherten aus solchen Kranken-, Unfall- und Haftpflichtversicherungsverträgen, für die nach gesetzlichen Bestimmungen oder nach Vorschrift der Aufsichtsbehörde vor dem 14. Februar 1924 ein Prämienreservefonds im Sinne der §§ 56ff. des Versicherungsaufsichtsgesetzes zu bilden war, mit Ausnahme von Ansprüchen aus Haftpflichtversicherungsverträgen mit unbegrenzter Deckung. Als Lebensversicherung gilt die Versicherung auf den Lebensfall, auf den Todesfall, Kapitalversicherung, Rentenversicherung usw., ferner die Invaliditäts-, Alters-,

Witwen-, Waisen-, Aussteuer- und Militärdienstversicherung, gleichviel ob auf Kapital oder Rente.

(2) Die Reichsregierung oder die von ihr bestimmte Stelle wird ermächtigt, Bestimmungen über die Voraussetzungen, die Art und die Höhe der Aufwertung von Ansprüchen der Versicherten aus Versicherungsverträgen anderer Art zu erlassen.

Verordnung über die Aufwertung von Versicherungsansprüchen (Text).

Vom 22. Mai 1926 (RGBl. I S. 249)*).

Auf Grund der §§ 59 Abs. 2, 88 Abs. 2 des Aufwertungsgesetzes vom 16. Juli 1925 (Reichsgesetzbl. I S. 117) wird hiermit verordnet:

Artikel 1.

Für die Aufwertung der im § 59 Abs. 2 des Aufwertungsgesetzes bezeichneten Ansprüche der Versicherten (Versicherungsnehmer, Bezugsberechtigten) gelten die Vorschriften der Artikel 2 bis 13.

Artikel 2.

(1) Ansprüche der Versicherten aus Haftpflichtversicherungsverträgen einschließlich der Ansprüche aus Haftpflichtversicherungsverträgen mit unbegrenzter Deckung und aus lebenslänglichen Haftpflichtversicherungsverträgen werden, soweit sie nicht unter § 59 Abs. 1 des Aufwertungsgesetzes fallen, auf 20 vom Hundert des Goldmarkbetrags der nach dem Versicherungsvertrage zu erstattenden Haftpflichtschuld aufgewertet. Ist die Leistung des Versicherers durch eine Höchstgrenze (Versicherungssumme) begrenzt, so wird deren Goldmarkbetrag auf den Tag berechnet, an dem

*) Veröffentlicht im Deutschen Reichsanzeiger und Preußischen Staatsanzeiger Nr. 118 vom 25. Mai 1926.

die Prämie für die bei Eintritt des Schadensereignisses oder des schadenstiftenden Verstoßes laufende Versicherungsperiode (§ 9 des Reichsgesetzes über den Versicherungsvertrag vom 30. Mai 1908) fällig war; ist die Prämie für mehrere Versicherungsperioden vorausbezahlt worden, so ist der Tag der Prämienzahlung maßgebend. Der Goldmarkbetrag im Sinne dieses Absatzes wird gemäß § 2 Abs. 1 des Aufwertungsgesetzes berechnet.

(2) Die aus dem Versicherungsvertrage sich ergebende Verpflichtung des Versicherers, die Kosten eines mit dem Dritten geführten Rechtsstreits des Versicherungsnehmers zu tragen, bleibt mit der Maßgabe unberührt, daß der Versicherer die Prozeßkosten nur im Verhältnis der ihm nach Abs. 1 obliegenden Leistungen zur Gesamthöhe der Haftpflichtschuld zu tragen hat.

(3) Die vorstehenden Bestimmungen finden auch Anwendung auf Versicherungsverträge anderer Art, soweit der Versicherte auf Grund des Versicherungsvertrags die Befreiung von einem gegen ihn geltend gemachten Haftpflichtanspruch verlangen kann.

(4) Bei der Seekaskohaftpflichtversicherung (mittelbare Kollisionsschäden), wird abweichend von Abs. 1 und 2 die Höhe der Aufwertung nach Maßgabe der allgemeinen Vorschriften im einzelnen Falle durch die zuständige Aufwertungsstelle desjenigen Ortes festgesetzt, an dem die Police gezeichnet wurde; ist der Versicherungsanspruch vor dem 1. November 1925 durch Klage des Versicherten gegen den Versicherer rechtshängig geworden, so entscheidet anstatt der Aufwertungsstelle das Prozeßgericht.

Artikel 3.

(1) Ansprüche der Versicherten aus Versicherungsverträgen anderer als der im § 59 Abs. 1 des Aufwertungsgesetzes und in den Artikeln 2, 9 und 10 dieser Verordnung bezeichneten Art unterliegen der Aufwertung nur dann, wenn dadurch, daß die Entschädigungssumme nicht spätestens am 30. Tage nach der Schadensanzeige gezahlt wurde, ein Geldentwertungsschaden eingetreten ist.

(2) Als Geldentwertungsschaden gilt der Betrag, um den sich der nach § 2 Abs. 1 des Aufwertungsgesetzes auf den 30. Tag nach der Schadensanzeige berechnete Goldmarkwert der vertragsmäßigen Entschädigungssumme in der Zeit zwischen diesem Tage und dem Tage der Zahlung vermindert hat. Der hiernach eingetretene Geldentwertungsschaden wird in Höhe von 50 vom Hundert erstattet.

(3) Soweit noch keine Zahlung erfolgt ist, sind 50 vom Hundert des nach § 2 Abs. 1 des Aufwertungsgesetzes auf den 30. Tag nach der Schadensanzeige berechneten Goldmarkbetrags der vertragsmäßigen Entschädigungssumme zu gewähren.

Artikel 4.

Der Versicherer kann eine Herabsetzung der Aufwertung (Artikel 2 Abs. 1 bis 3 und Artikel 3) verlangen, wenn dies mit Rücksicht auf seine wirtschaftliche Lage, insbesondere auch auf erhebliche, auf den Währungsverfall zurückzuführende Vermögensverluste sowie mit Rücksicht auf die Ansprüche der übrigen Versicherten unabweisbar erscheint. Zur Herabsetzung ist ausschließlich die für den Sitz des Versicherers zuständige Aufwertungsstelle zuständig (§§ 69 ff. des Aufwertungsgesetzes). Die Aufwertungsstelle hat auf Antrag einer Partei das Gutachten eines von der Aufsichtsbehörde, bei nicht aufsichtspflichtigen Versicherungszweigen vom Reichsaufsichtsamte für Privatversicherung, zu bezeichnenden Sachverständigen einzuziehen. Entsprechendes gilt, wenn der Antrag erst im Verfahren vor dem Landgerichte gestellt wird. Die Bestimmungen des Reichsgesetzes über die Angelegenheiten der freiwilligen Gerichtsbarkeit, betreffend die Ablehnung von Sachverständigen, bleiben unberührt. Die Kosten des Sachverständigen trägt der Versicherer, sofern er die Zuziehung beantragt hat; im übrigen findet § 76 des Aufwertungsgesetzes Anwendung.

Artikel 5.

(1) Soweit der Versicherer bei Versicherungsverträgen der in den Artikeln 2 und 3 genannten Art bereits Zahlung geleistet hat, findet keine Aufwertung statt, es sei denn, daß der Versicherte es ausdrücklich abgelehnt hat, die Leistung als Erfüllung anzunehmen. Soweit eine solche Ablehnung stattgefunden hat oder eine Zahlung noch nicht erfolgt ist, kann die Aufwertung nur gefordert werden, wenn der Antrag vor dem 1. Oktober 1926 bei dem Versicherer eingeht.

(2) Soweit nach Abs. 1 eine Aufwertung nicht stattfindet, kann sie auch wegen ungerechtfertigter Bereicherung oder auf Grund einer Anfechtung wegen Irrtums oder aus einem anderen Rechtsgrund nicht verlangt werden. Ansprüche wegen arglistiger Täuschung bleiben unberührt.

(3) Für die Leistung des Aufwertungsbetrags kann auf Antrag des Versicherers durch die Aufwertungsstelle Stundung bis zu 3 Monaten bewilligt werden.

Artikel 6.

Vergleiche über Ansprüche der in den Artikeln 2 und 3 bezeichneten Art, die den Zweck hatten, den Streit oder die Ungewißheit über die Höhe des infolge der Geldentwertung zu zahlenden Betrags zu beseitigen, bleiben unberührt.

Artikel 7.

Ist die Aufwertung von Ansprüchen der in den Artikeln 2 und 3 bezeichneten Art durch eine rechtskräftige gerichtliche Entscheidung geregelt, so behält es dabei sein Bewenden.

Artikel 8.

Hat der Versicherer bereits mehr geleistet, als er nach dieser Verordnung zu leisten verpflichtet ist, so behält es dabei sein Bewenden.

Artikel 9.

Ansprüche des Versicherten aus Hagel- und Viehversicherungsverträgen werden nicht aufgewertet. Vergleiche über Ansprüche dieser Art, die den Zweck hatten, den Streit oder die Ungewißheit über die Höhe des infolge der Geldentwertung zu zahlenden Betrags zu beseitigen, bleiben unberührt. Ist die Aufwertung von solchen Ansprüchen durch eine rechtskräftige gerichtliche Entscheidung geregelt, so behält es dabei sein Bewenden.

Artikel 10.

Auf Ansprüche aus Rückversicherungsverträgen finden die Bestimmungen dieser Verordnung keine Anwendung.

Artikel 11.

Soweit sich nicht aus den Bestimmungen dieser Verordnung etwas anderes ergibt, finden die Vorschriften des Elften und Zwölften Abschnitts des Aufwertungsgesetzes sinngemäße Anwendung.

Artikel 12.

Die Vorschriften dieser Verordnung finden entsprechende Anwendung auf Versicherungsansprüche, die gegen eine nach Landesrecht errichtete öffentliche Anstalt gerichtet sind, soweit sie auf einem freiwilligen Vertragsabschluß beruhen und nicht die obersten Landesbehörden abweichende Bestimmungen treffen. Unberührt bleiben die landesgesetzlichen Vorschriften über die Aufwertung von Ansprüchen aus Versicherungen, die bei einer nach Landesrecht errichteten öffentlichen Anstalt unmittelbar kraft Gesetzes entstehen, sowie aus Versicherungen, die bei einer solchen Anstalt infolge eines gesetzlichen Zwanges oder eines gesetzlichen Ausschlußrechts genommen werden.

Artikel 13.

Diese Verordnung tritt mit dem Tage ihrer Verkündung in Kraft.

Berlin, den 22. Mai 1926.

Der Reichsminister der Justiz

Mit der Wahrnehmung der Geschäfte beauftragt:

Marx, Reichskanzler.

Verordnung über die Aufwertung von Versicherungsansprüchen (Erläuterungen).

Vom 22. Mai 1926 (RGBl. I S. 249)*).

Auf Grund der §§ 59 Abs. 2, 88 Abs. 2 des Aufwertungsgesetzes vom 16. Juli 1925 (RGBl. I S. 117) wird hiermit verordnet:

Geltungsbereich.

Artikel 1 [1, 2, 3, 4, 6, 7, 8].

Für die Aufwertung der im § 59 Abs. 2 des Aufwertungsgesetzes bezeichneten Ansprüche der Versicherten (Versicherungsnehmer, Bezugsberechtigten)[5] gelten die Vorschriften der Artikel 2 bis 13.

1. Die Aufwertung der Versicherungsansprüche.

Durch § 59 Abs. 2 AG. ist die Reichsregierung oder die von ihr bestimmte Stelle ermächtigt worden, Bestimmungen über die Voraussetzungen, die Art und die Höhe der Aufwertung von Ansprüchen der Versicherten aus Versicherungsverträgen anderer Art als der in § 59 Abs. 1 genannten Lebens-, Unfall- und Haftpflichtversicherungsverträge zu erlassen. In den Erläuterungen der Reichstagsvorlage (Reichstagsdrucksache Nr. 804 S. 14 zu § 8 Abs. 3) ist ausdrücklich darauf hingewiesen, daß diese Ermächtigung der Reichsregierung bezüglich der Aufwertung jener Versicherungsansprüche

---

*) Veröffentlicht im Deutschen Reichsanzeiger und Preußischen Staatsanzeiger Nr. 118 vom 25. Mai 1926.

freie Hand gibt, und daß die Reichsregierung im besonderen auch die Aufwertung einzelner Ansprüche ausschließen oder beschränken kann. Auf Grund der erwähnten Ermächtigung ist die vorliegende VO. erlassen worden. Sie befaßt sich nur mit Versicherungsansprüchen der in § 59 Abs. 2 AG. genannten Art. Es werden also, soweit nicht eine besondere Ausnahme vorgesehen ist, alle Ansprüche aus Versicherungsverträgen erfaßt, die nicht an einem Aufwertungsstock im Sinne von AG. §§ 60, 61 teilzunehmen haben.

In welcher Weise bei den einzelnen Gruppen von Versicherungen die Frage der Aufwertung geregelt ist, ergibt sich aus der nachstehenden Übersicht:

a) Prozentsatz der Aufwertung zunächst unbestimmt.

Der Satz ergibt sich aus dem Verhältnis der Summe der Versichertenansprüche zur Teilungsmasse (Aufwertungsstock). Maßgebend sind AG. § 59 Abs. 1, §§ 60, 61 in Verbindung mit DVO. Art. 95 ff. (vgl. die Erläuterungen in Teil I). Hierher gehören Ansprüche aus

α) Lebensversicherungsverträgen,

β) Kranken- und Unfallversicherungsverträgen, soweit für sie vor dem 14. Februar 1924 ein Prämienreservefonds zu bilden war (über den Unterschied gegenüber sonstigen Unfallversicherungsverträgen siehe Teil I Seite 60 ff. sowie unten Art. 3 Anm. 2),

γ) Haftpflichtversicherungsverträgen, soweit für sie vor dem 14. Februar 1924 ein Prämienreservefonds zu bilden war, mit Ausnahme der Ansprüche aus Haftpflichtversicherungsverträgen mit unbegrenzter Deckung und aus lebenslänglichen Haftpflichtversicherungsverträgen (wegen der Unterscheidung vgl. Teil I Seite 62 ff., sowie unten Art. 2 Anm. 2),

b) Aufwertung 20 v. H. (der Haftpflichtschuld).

In Betracht kommen Haftpflichtversicherungsverträge, für welche kein Prämienreservefonds vor dem 14. Februar 1924 zu bilden war sowie Ansprüche aus Haftpflichtversicherungsverträgen mit unbegrenzter Deckung und aus lebenslänglichen Haftpflichtversicherungsverträgen. Die Aufwertung ist in Art. 2 der VO. geregelt.

c) Aufwertung ebenfalls 20 v. H., jedoch mit Begrenzung auf den Goldmarkbetrag der Versicherungssumme.

Dies ist geschehen bei der Haftpflichtversicherung mit begrenzter Deckung (siehe unten Art. 2 Anm. 3c).

d) Aufwertung 50 v. H. (des Geldentwertungsschadens).

Hierunter fallen

Sachversicherungsansprüche, überhaupt Ansprüche aus Versicherungsverträgen jeglicher Art, soweit nicht ausdrücklich eine anderweite Regelung vorgesehen ist (oben a bis c, nachstehend e und f). Die Aufwertung erfolgt gemäß Art. 3 der VO. Hierher gehören im besonderen auch Ansprüche aus Transportversicherungsverträgen sowie aus Unfall- und Krankenversicherungsverträgen, die nicht unter a, β fallen, ferner z. B. aus Kredit- und Aufruhrversicherungsverträgen.

e) Aufwertungssatz unbestimmt, Festsetzung durch Aufwertungsstelle oder Prozeßgericht.

Bei der Seekaskohaftpflichtversicherung (mittelbare Kollisionsschäden) wird die Höhe der Aufwertung nach Maßgabe der allgemeinen Vorschriften im einzelnen Fall durch die Aufwertungsstelle festgesetzt. Ist der Versicherungsanspruch vor dem 1. November 1925 durch Klage rechtshängig geworden, so entscheidet hierüber das Prozeßgericht (Art. 2 Abs. 4).

f) Aufwertung ausgeschlossen.

Dies ist der Fall bei der Hagel- und Viehversicherung (Art. 9).

g) Aufwertung ungeregelt.

Dies ist geschehen bei der Rückversicherung (Art. 10).

2. Anwendbarkeit der Bestimmungen des AG.

Es handelt sich bei der VO. um Bestimmungen, zu deren Erlaß die Reichsregierung durch das AG. ermächtigt ist. Grundsätzlich dürften daher, soweit sich nicht aus der VO. etwas anderes ergibt, auch dessen allgemeine Bestimmungen maßgebend sein. Die Regelung erstreckt sich also auf Versicherungen, die auf Mark oder eine andere nicht mehr geltende inländische Währung lauten, und nach deutschem Recht zu beurteilen sind. (Siehe auch unten Anm. 4.)

Hinsichtlich der Abschnitte 11 und 12 des AG. ist die sinngemäße Anwendung ausdrücklich in VO. Art. 11 ausgesprochen.

3. Ansprüche aus privaten Versicherungsverträgen.

Gegenstand der VO. sind Ansprüche aus privaten Versicherungsverträgen. Dabei macht es grundsätzlich keinen Unterschied, ob sich die Forderung gegen eine private oder eine öffentliche Anstalt richtet. Eine Ausnahmebestimmung findet sich mit Rücksicht auf die Sonderstellung der öffentlichen Anstalten in Art. 12 (vgl. auch die Anm. hierzu).

4. Örtlicher Geltungsbereich. Ansprüche gegenüber ausländischen Versicherungsunternehmungen.

Grundsätzlich ist anzunehmen, daß das AG. auf alle Rechtsverhältnisse anzuwenden ist, die nach den Regeln des internationalen Privatrechts dem deutschen Recht unterliegen (Schlegelberger-Harmening 4. Aufl. S. 81; Mügel S. 141). Zu den im AG., wenn auch zunächst nur mittelbar, geregelten Gruppen von Rechtsverhältnissen gehören auch die unter AG. § 59 Abs. 2 und die VO. fallenden Versicherungen.

In DVO. Art. 115 war für die Lebensversicherung bestimmt worden, daß die Anwendung der DVO. auf Ansprüche gegen ausländische, nicht unter Reichsaufsicht stehende Unternehmungen ausgeschlossen sei: hier soll es bei den für diese Ansprüche geltenden allgemeinen gesetzlichen Bestimmungen verbleiben. Eine entsprechende Vorschrift findet sich in der VO. nicht.

Verträge mit ausländischen, im Inland zum Geschäftsbetrieb in aufsichtspflichtigen Versicherungszweigen befugten Versicherungsunternehmungen (VAG. §§ 85 ff.) unterliegen regelmäßig dem deutschen Recht (vgl. auch Bruck, Zwischenstaatliches Versicherungsrecht) und sind in der gleichen Weise wie die mit inländischen Versicherungsgesellschaften abgeschlossenen Verträge zu behandeln. Für sie ist also dementsprechend die VO. maßgebend.

Nicht unter Aufsicht stehen nach VAG. § 116 Unternehmungen — mit Ausnahme von Versicherungsvereinen auf Gegenseitigkeit —, welche die Versicherung gegen Kursverluste, ferner die Transportversicherung oder ausschließlich die Rückversicherung zum Gegenstand haben. Auch hier wird im allgemeinen deutsches Recht anzuwenden sein, wenn der Abschluß durch eine inländische Niederlassung oder einen Vertreter im Inlande erfolgte. Bei Versicherungen, die mit ausländischen nicht unter Reichsaufsicht stehenden Versicherungsgesellschaften im Korrespondenzwege zustande gekommen sind, ist die Frage des anzuwendenden Rechtes je nach Lage des einzelnen Falles zu beurteilen. Stellt man sich auf den Standpunkt, daß das Recht des Erfüllungsortes maßgebend ist (RGZ. 95, 164 ff.; 96, 270 ff.) so wird mangels besonderer Vereinbarung für die Entschädigungsverpflichtung das Recht am Sitze der ausländischen Versicherungsgesellschaft in Frage kommen. Das gleiche gilt, wenn man mit Bruck (a. a. O.) ohne weiteres den Betriebsort als entscheidend ansieht.

5. Ansprüche der Versicherten (Versicherungsnehmer, Bezugsberechtigten).

Die VO. regelt ebenso wie DVO. Art. 95 ff. Ansprüche der Versicherten, nicht aber solche der Versicherungsgesellschaften. Der Begriff „Versicherte" ist weit auszulegen. Das in Teil I S. 64 f. (zu Art. 95 Anm. 4) Ausgeführte gilt entsprechend. Man kann allgemein sagen, die Aufwertung erfolgt zugunsten dessen, der aus dem Versicherungsvertrage der Gesellschaft gegenüber anspruchsberechtigt ist. Versicherungsnehmer ist derjenige, welcher den Versicherungsvertrag mit dem Versicherer abschließt. Der Versicherungsnehmer ist vielfach auch der Versicherte, er braucht es aber nicht zu sein. Versicherter ist in der Sachversicherung der durch den Eintritt des Versicherungsfalles Geschädigte (vgl. hierzu und zum folgenden auch das Schrifttum, im besonderen Hager-Bruck S. 12). Versicherungsnehmer und Versicherter sind nicht dieselbe Person bei der Versicherung für fremde Rechnung (VVG. §§ 74 ff.). Auch in der Personenversicherung, zu der unter Umständen die Unfall- und Krankenversicherung gehören (vgl. Hager-Bruck zu § 1 Anm. 3 sowie zu § 179 Vorbem. 4), kann der Versicherungsnehmer ein anderer sein als der Versicherte, also der, auf dessen Person die Versicherung genommen wird (Fremdversicherung); vgl. VVG. §§ 179, 159. Die Fremdversicherung setzt voraus, daß sich der Versicherungsfall in der Person des andern ereignet, ohne daß diesem auch ein Anspruch auf die Leistung des Versicherers zustehen muß. Anspruchsberechtigt ist der Versicherungsnehmer, der Versicherte oder der Bezugsberechtigte. Bezugsberechtigter ist außer bei der Lebensversicherung auch bei der Unfallversicherung der vom Versicherungsnehmer bezeichnete Empfänger der Geldleistung des Versicherers (vgl. VVG. §§ 180, 160).

6. Gänzlicher oder teilweiser Ausschluß der Aufwertung (Verwirkung, Verjährung, Ausschlußfrist usw.).

In gewissen Fällen besteht kein Anspruch auf Aufwertung, und zwar hauptsächlich dann, wenn auch kein Recht mehr auf die Papiermarkforderung an sich besteht, oder wenn eine solche Forderung überhaupt nicht zur Entstehung gelangt ist. So kann selbstverständlich die Aufwertung nicht verlangt werden, wenn z. B. bereits gegenüber der Geltendmachung des Papiermarkanspruchs der Versicherer berechtigte Einwendungen entgegensetzen kann. Zu denken ist hier z. B. an die Verwirkung des Anspruchs infolge Verletzung von Obliegenheiten (z. B. nicht rechtzeitige Anmeldung des Schadensfalls usw.; vgl. VVG. § 6). Ein Anspruch besteht ferner nicht, wenn bereits Zahlung erfolgt ist, ohne daß der Versicherte ausdrücklich abgelehnt hat, die Leistung als Erfüllung anzunehmen. Dieser Fall ist in VO. Art. 5 ausdrücklich geregelt (siehe Art. 5 Abs. 1 Satz 1 sowie Art. 5 Anm. 2).

Wegen des Ausschlusses der Aufwertung infolge Vergleichs oder rechtkräftigen Urteils siehe unten Art. 6 und 7.

Hinsichtlich der Frage der Verjährung sei auf Teil I S. 70 ff. zu Art. 95 Anm. 7 verwiesen; zu vgl. ferner Berliner, Die Nichtberücksichtigung von Versicherungsansprüchen im Aufwertungsverfahren (Zeitschr. f. Vers.wesen 1926 S. 89 ff.). Wie dort näher dargelegt ist, kann unmöglich ein Aufwertungsanspruch wegen Nichterhebung im Jahre 1922 oder 1923 verjährt sein. Die Verjährungsfrist beträgt nach VVG. § 12 zwei Jahre; die Verjährung beginnt mit dem Schlusse des Jahres, in welchem die Leistung verlangt werden kann.

In § 15 Abs. 3 der Allgemeinen Feuerversicherungsbedingungen, dem z. B. § 12 Abs. 4 der Einbruchdiebstahlversicherungsbedingungen, ferner § 11 Abs. 1 der Haftpflichtversicherungsbedingungen sowie außerdem § 20 Abs. 1 der Einzel-Unfallversicherungsbedingungen entsprechen, ist unter Berücksichtigung von VVG. § 12 Abs. 2 bestimmt, daß der Versicherer von der Verpflichtung zur Leistung frei ist, wenn der Anspruch auf Zahlung nicht innerhalb einer gestellten Frist von 6 Monaten gerichtlich geltend gemacht wird. Nach § 41 der Land-Transportversicherungsbedingungen erlöschen alle nicht innerhalb eines Jahres nach dem Schadensereignisse entweder rechtsgültig von der Versicherungsgesellschaft anerkannte oder durch Klage vor die Gerichte gebrachte Ansprüche auf Entschädigung durch den bloßen Ablauf dieser Frist, ohne daß es irgend einer Erklärung der Versicherungsgesellschaft bedarf. In diesen Fällen ist nach herrschender Ansicht anzunehmen, daß die unverschuldete Fristversäumnis unschädlich bleibt (Teil I S. 73 f. zu Art. 95 Anm. 8; Berliner a. a. O.). Man wird ferner, wie an den gleichen Stellen ausgeführt ist, grundsätzlich annehmen können, daß der Aufwertungsanspruch unmöglich wegen Unterlassung der Klage in den Jahren 1922 oder 1923 als erloschen betrachtet werden kann. Letzteres wäre nur dann anzunehmen, wenn nachweislich ein Verzicht des Versicherten vorliegt.

7. Anmeldung der Ansprüche.

Im Gegensatz zu den in AG. § 59 Abs. 1 und DVO. Art. 95 ff. geregelten Versicherungsansprüchen (vgl. Teil I S. 168 ff., Art. 111) ist bei den bereits entstandenen Ansprüchen im Sinne VO. eine Anmeldung unbedingt erforderlich. Erfolgt sie nicht bis zum 1. Oktober 1926, dann treten die in Art. 5 Abs. 1 vorgesehenen Folgen ein.

8. Wege der Rechtsverfolgung.

Zuständig zur Entscheidung über die in der VO. geregelten Ansprüche, und zwar sowohl für den Grund des Anspruches als auch für die (nach der VO.) festzusetzende Höhe, sind regelmäßig die ordentlichen Gerichte.

Selbstverständlich wird jederzeit von beiden Parteien gemäß AG. § 71 die Zuständigkeit der Aufwertungsstelle vereinbart werden können. Im übrigen kommt die Anrufung der letzteren nur in Frage, soweit dies ausdrücklich in den gesetzlichen Bestimmungen vorgesehen ist. So entscheidet die Aufwertungsstelle gegebenenfalls nach Art. 4 über die Herabsetzung der Aufwertung, ferner nach Art. 2 Abs. 4 in gewissen Fällen über die Höhe der Aufwertung bei der Seekaskohaftpflichtversicherung (mittelbare Kollisionsschäden). Endlich sei auf Art. 5 Abs. 3 verwiesen, wonach die Aufwertungsstelle dem Versicherer für die Leistung des Aufwertungsbetrags Stundung bis zu 3 Monaten bewilligen kann.

Soweit die Voraussetzungen im einzelnen Falle vorliegen, können an Stelle der ordentlichen Gerichte auch Schiedsgerichte zuständig sein. Dies dürfte meist bei den an sich durch die VO. nicht geregelten Fällen der Rückversicherung (Art. 10) der Fall sein.

Haftpflichtversicherung.

Artikel 2[1].

(1) Ansprüche der Versicherten aus Haftpflichtversicherungsverträgen[2] einschließlich der Ansprüche aus Haftpflichtversicherungsverträgen mit unbegrenzter Deckung und aus lebenslänglichen Haftpflichtversicherungsverträgen, werden, soweit sie nicht unter § 59 Abs. 1 des Aufwertungsgesetzes fallen, auf 20 vom Hundert des Goldmarkbetrags[3b] der nach dem Versicherungsvertrage zu erstattenden Haftpflichtschuld[3a] aufgewertet[3, 3e]. Ist die Leistung des Versicherers durch eine Höchstgrenze (Versicherungssumme) begrenzt[3c], so wird deren Goldmarkbetrag[3b, 3c] auf den Tag berechnet, an dem die Prämie für die bei Eintritt des Schadensereignisses[3c] oder des schadenstiftenden Verstoßes[3c] laufende Versicherungsperiode (§ 9 des Reichsgesetzes über den Versicherungsvertrag vom 30. Mai 1908) fällig war; ist die Prämie für mehrere Versicherungsperioden vorausbezahlt[3c] worden, so ist der Tag der Prämienzahlung maßgebend. Der Goldmarkbetrag im Sinne dieses Absatzes wird

gemäß § 2 Abs. 1 des Aufwertungsgesetzes berechnet[3b, 3c].

(2) Die aus dem Versicherungsvertrage sich ergebende Verpflichtung des Versicherers, die Kosten eines mit dem Dritten geführten Rechtsstreits des Versicherungsnehmers zu tragen, bleibt mit der Maßgabe unberührt, daß der Versicherer die Prozeßkosten nur im Verhältnis der ihm nach Abs. 1 obliegenden Leistungen zur Gesamthöhe der Haftpflichtschuld zu tragen hat[3d].

(3) Die vorstehenden Bestimmungen finden auch Anwendung auf Versicherungsverträge anderer Art, soweit der Versicherte auf Grund des Versicherungsvertrags die Befreiung von einem gegen ihn geltend gemachten Haftpflichtanspruch verlangen kann[4].

(4) Bei der Seekaskohaftpflichtversicherung (mittelbare Kollisionsschäden)[5] wird abweichend von Abs. 1 und 2 die Höhe der Aufwertung nach Maßgabe der allgemeinen Vorschriften im einzelnen Falle durch die zuständige Aufwertungsstelle[5] desjenigen Ortes festgesetzt, an dem die Police gezeichnet wurde; ist der Versicherungsanspruch vor dem 1. November 1925 durch Klage des Versicherten gegen den Versicherer rechtshängig geworden, so entscheidet anstatt der Aufwertungsstelle das Prozeßgericht[5].

1. Leitender Grundgedanke.

Art. 2 befaßt sich mit den nicht bereits durch AG. und DVO. geregelten Haftpflichtversicherungsverträgen. Es fallen darunter (siehe Näheres Anm. 2) Ansprüche der Versicherten aus solchen Haftpflichtversicherungsverträgen, für die vor dem 14. Februar 1924 kein Prämienreservefonds zu bilden war, ferner Ansprüche aus Haftpflichtversicherungsverträgen mit unbegrenzter Deckung und aus lebenslänglichen Haftpflichtversicherungsverträgen, die in der Hauptsache ebenfalls solche mit unbegrenzter Deckung sind.

Es war erforderlich, bei der Haftpflichtversicherung die Aufwertung nach anderen Grundsätzen zu regeln als bei der Lebensversicherung und den ihr gleichgestellten Verträgen (§ 59 Abs. 1 des AG.). Die Haftpflichtversicherung ist grundsätzlich eine Risikoversicherung. Dies bedeutet: wenn der Versicherter bis zum Ablauf der jeweiligen Versicherungsperiode das Risiko getragen hat, so hat er seine Vertragsleistung vollständig bewirkt. Die vereinnahmten Prämien sind alsdann durch Schadenzahlungen, Schadenreserven und Verwaltungskosten vollständig aufgebraucht, und zwar auch dann, wenn im einzelnen Fall während der Vertragsdauer kein Versicherungsfall eingetreten ist. Eine Rücklage für den Versicherten, wie sie in der Lebensversicherung die Prämienreserve darstellt, gibt es nicht. Bei der lebenslänglichen Haftpflichtversicherung ist zwar eine vorausgezahlte Prämie vorhanden, die nach den Vorschriften über die Prämienreserve zu behandeln und anzulegen ist. Ein Anspruch hierauf kann aber nicht anerkannt werden, weil es ganz ungewiß ist, ob und in welcher Höhe die einzelne Versicherung von Schadenfällen betroffen wird und ob daher dem zu verteilenden Aufwertungsvermögen Versicherungsforderungen gegenüberstehen. Auf die Haftpflichtversicherung im Sinne des Art. 2 können daher nicht die Grundsätze zur Anwendung kommen, die für eine Versicherung mit Sparcharakter wie die Lebensversicherung gelten.

Die Aufwertung bei der Haftpflichtversicherung muß aber auch anders geregelt werden als bei der Sachversicherung und den dieser gleichgestellten Verträgen (Art. 3), bei welchen für die Berechnung des Aufwertungsbetrags von einem nach Eintritt des Versicherungsfalls entstandenen Geldentwertungsschaden ausgegangen wird. Denn bei der Haftpflichtversicherung wird die Versicherungsleistung erst fällig, nachdem der geschädigte Dritte vom Versicherten befriedigt oder der Anspruch des Dritten durch rechtskräftiges Urteil, Anerkenntnis oder Vergleich festgestellt worden ist (§ 154 Abs. 1 VVG.). Bei der Haftpflichtversicherung liegen Schadensereignis, Geltendmachung des Haftpflichtanspruchs und Feststellung der Haftpflicht nach Grund und Höhe zeitlich oft weit auseinander. Die Schadenregulierung nimmt daher häufig sehr viel längere Zeit in Anspruch als in anderen Versicherungszweigen. Daher sind gerade in der Haftpflichtversicherung die Versicherten, bei denen in der Inflationszeit ein Schadenfall eingetreten ist, besonders schwer betroffen worden (VerAfP. 1924 S. 41, 1925, S. 20). Es erschien daher geboten, bei der Aufwertung von Ansprüchen aus Haftpflichtversicherungsverträgen nicht von der zwischen dem Eintritt des Versicherungsfalls und der Zahlung der Entschädigung eingetretenen Geldentwertung, sondern von der nach dem Versicherungsvertrage zu erstattenden Haftpflichtschuld auszugehen.

Ferner hielt man es für zweckmäßig, den Aufwertungsanspruch des Versicherten auf einen bestimmten Hundertsatz des Goldmarkbetrages dieser Haftpflichtschuld, und zwar auf 20 v. H. festzusetzen. Bei der Unübersehbarkeit der in Betracht kommenden Ansprüche wird sich schwer sagen lassen, ob dieser Betrag den berechtigten Interessen beider Teile entspricht. Immerhin dürfte er den billigerweise zu stellenden Ansprüchen des Versicherten genügen. Außerdem ist wahrscheinlich, daß diese Quote für den Versicherer noch tragbar ist, daß aber ein höherer Satz wohl die Leistungsfähigkeit der Versicherungsunternehmungen überstiegen hätte; denn diese hatten nach Lage der Sache als reine Geldbetriebe kaum eine Möglichkeit, ihre Reserven wertbeständig anzulegen (vgl. auch RGZ. 110, 256). Eine Einschränkung wird für Verträge mit begrenzter Deckung gemacht: hier darf die aufgewertete Entschädigung den auf einen bestimmten Zeitpunkt berechneten Goldmarkbetrag der im Versicherungsvertrage vorgesehenen Höchstgrenze nicht überschreiten.

Abs. 2 bestimmt als Ergänzung zu Abs. 1, daß der Versicherer auch die Prozeßkosten nur im Verhältnis der ihm nach Abs. 1 obliegenden Leistung zur Gesamthöhe der Haftpflichtschuld zu tragen hat.

In Abs. 3 ist zum Ausdruck gebracht, daß die bisher besprochenen Bestimmungen über die Aufwertung der Haftpflichtversicherungen bei anderen Versicherungsverträgen insoweit Anwendung finden sollen, als danach dem Versicherer obliegt, den Versicherten von einem gegen ihn geltend gemachten Haftpflichtanspruche zu befreien.

Abs. 4 regelt einen Ausnahmefall aus der Seeversicherung, der seine Begründung in den besonderen Verhältnissen der Seeschiffahrt findet. Es handelt sich um sogenannte mittelbare Kollisionsschäden, also Inanspruchnahme des Versicherten, der bei einem Schiffszusammenstoß den einem Dritten zugefügten Schaden zu ersetzen hat. Hier wird die Höhe der Aufwertung von der Aufwertungsstelle festgesetzt, falls nicht der Versicherungsanspruch vor dem 1. November 1925 durch Klage des Versicherten gegen den Versicherer rechtshängig geworden ist. Im letzteren Falle entscheidet das Prozeßgericht.

2. Ansprüche aus Haftpflichtversicherungsverträgen.

Bei der Regelung der Aufwertung in der Haftpflichtversicherung sind zwei Gruppen zu unterscheiden:

a) Ansprüche aus Haftpflichtversicherungsverträgen, für die vor dem 14. Februar 1924 ein Prämienreservefonds zu bilden war. Ein solcher Prämienreservefonds war nach Vorschrift der Aufsichtsbehörde in der Haftpflichtversicherung nur zu bilden, soweit die Versicherung auf die Lebensdauer des Versicherten genommen war oder der Versicherer nach Eintritt eines Versicherungsfalls zur Gewährung einer Rente verpflichtet war (VerAfP. 1904 S. 113). Als Prämienreserve gilt in letzterem Falle das nach versicherungstechnischen Grundsätzen berechnete und vom Versicherer bereitzustellende Rentendeckungskapital.

Die Aufwertung dieser Ansprüche hat grundsätzlich nach AG. § 59 Abs. 1 §§ 60, 61 zu erfolgen. Es wird also eine

Teilungsmasse (Aufwertungsstock) gebildet und nach gewissen Richtlinien auf die Versicherten verteilt (siehe Teil I, im besonderen auch S. 62 ff.).

In AG. und DVO. sind jedoch nicht wie Ansprüche aus Versicherungen, für die vor dem 14. Februar 1924 ein Prämienreservefonds notwendig war, behandelt: Ansprüche aus Haftpflichtversicherungsverträgen mit unbegrenzter Deckung, auch wenn für sie ein Prämienreservefonds zu bilden war, sowie aus lebenslänglichen Haftpflichtversicherungsverträgen (vgl. Teil I S. 62 ff.), obwohl für sie ein Prämienreservefonds zu stellen war. Bei ersteren ist im Versicherungsvertrage keine Höchstsumme genannt; der Versicherer haftet für Schadloshaltung des Versicherten aus einem von diesem zu vertretenden Haftpflichtfalle.

b) Ansprüche aus Haftpflichtversicherungsverträgen, für die vor dem 14. Februar 1924 ein Prämienreservefonds nicht zu bilden war, sowie aus den in Gruppe a ausgeschlossenen Haftpflichtversicherungsverträgen mit unbegrenzter Deckung und lebenslänglichen Haftpflichtversicherungsverträgen. Bei diesen beurteilt sich die Frage der Aufwertung nach Art. 2, sowie Art. 4 ff.

3. Berechnung des Aufwertungsbetrages bei der Haftpflichtversicherung.

a) Berechnungsgrundlagen.

Ausgegangen wird in der VO. von der Haftpflichtschuld, also der Leistung, die der Versicherte auf Grund seiner Verantwortlichkeit für eine während der Versicherungszeit eintretende Tatsache an einen Dritten zu bewirken hat (vgl. auch VVG. § 149).

Der Versicherer hat jedoch grundsätzlich nur für die nach dem Versicherungsvertrag zu erstattende Haftpflichtschuld aufzukommen. Demgemäß hat die Berechnung des Aufwertungsbetrages auch nur hiervon auszugehen. Die Verpflichtung des Versicherers erfährt nämlich im besonderen dann eine Einschränkung, wenn, wie es meist bei der Vermögensschadensversicherung (Haftung der Notare usw.) der Fall ist, der Vertrag mit einer Selbstbeteiligung des Versicherten am Schaden abgeschlossen ist (gewisser Prozentsatz, Überschreitung eines Mindestbetrages).

Beispiel 1: Der gegen Haftpflicht Versicherte ist im Jahre 1922 zum Ersatz eines Schadens von 200 000 PM. verurteilt worden. Nach dem Versicherungsvertrage hat die Gesellschaft infolge 10 v. H. Selbstbeteiligung des Versicherten nur in Höhe von 180 000 PM. aufzukommen. Wenn später z. B. durch die Gerichte Aufwertung der Verpflichtung des Versicherten gegen den Geschädigten auf 10 000 RM. erfolgte, so ist für die Berechnung der Aufwertung der Betrag von 9000 RM. zugrunde zu legen.

b) Höhe der Aufwertung.

Aufgewertet wird auf 20 v. H. des Goldmarkbetrages der gemäß a berechneten Haftpflichtschuld. Regelmäßig wird der Gold- oder Reichsmarkbetrag sich aus dem Anerkenntnis, Vergleich oder dem rechtskräftigen Urteil ergeben. Im Beispiel 1 hätte der Versicherer 20 v. H. von 9000 Mark = 1800 Reichsmark zu leisten.

Es kann jedoch, allerdings wohl selten, der Fall gewesen sein, daß der Versicherte in der Inflationszeit seine Schuld in Papiermark gezahlt, vom Versicherer jedoch infolge der Entwertung der Papiermarksumme nicht mehr Ersatz verlangt hat. Es ist ferner an den wohl ebenfalls nicht sehr häufigen Fall zu denken, daß der Versicherte die Papiermarksumme an den Geschädigten gezahlt und die ihm vom Versicherer in entwertetem Gelde gezahlten Summe nicht als Erfüllung angenommen hat (siehe Art. 5 Abs. 1). Hier erfolgt die Berechnung des Goldmarkbetrages der Haftpflichtschuld in sinngemäßer Anwendung von AG. § 2 Abs. 1 sowie auf Grund der diesem beigegebenen Tabelle (vgl. auch DVO. Art. 96 Abs. 1 Satz 2).

Beispiel 2: Der Versicherte zahlte an den Geschädigten am 1. Juni 1923 die Summe von 10 Millionen PM.

Nach der Tabelle zum AG. entsprach dies einem Werte von 647 GM. Die Bewirkung der Versicherungsleistung seitens des Versicherers an den Versicherten verzögerte sich aus irgendeinem Grunde und die 10 Millionen PM. waren am 28. August 1923 laut Tabelle nur noch 5,45 GM. wert. Der Versicherte sah daher von einem weiteren Vorgehen gegen die Gesellschaft ab. Hier besteht Anspruch auf Zahlung in Höhe von 20 v H. von 647 = 129,40 RM.

c) Sonderfall bei Haftpflichtversicherung mit begrenzter Deckung.

I. In der Regel ist in den Haftpflichtversicherungsverträgen die Leistung des Versicherers durch eine Höchstgrenze, also die Versicherungssumme, begrenzt. Es war folgerichtig, diese Begrenzung auch bei Regelung der Aufwertung beizubehalten. Danach erfährt bei Haftpflichtversicherungsverträgen mit begrenzter Deckung die Aufwertung eine weitere Begrenzung, wenn der nach a und b festgestellte Betrag von 20 v. H. der Haftpflichtschuld höher ist als der auf einen bestimmten Stichtag umgerechnete Goldmarkbetrag der Deckungsgrenze. Demnach hat bei der Haftpflichtversicherung mit begrenzter Deckung eine doppelte Berechnung stattzufinden:

A. Zugrunde gelegt wird die durch Urteil, Vergleich oder Anerkenntnis festgestellte Haftpflichtschuld des Versicherten; von dem Goldmarkbetrage dieser Haftpflichtschuld sind 20 v. H. zu berechnen.

B. Alsdann ist festzustellen, ob der so errechnete Betrag innerhalb der im Versicherungsvertrage bestimmten, in Goldmark umgerechneten Deckungsgrenze liegt. Zu erstatten sind demnach 20 v. H. der Haftpflichtschuld, höchstens aber der Goldmarkbetrag der Versicherungssumme.

II. Für die Berechnung des Goldmarkbetrages der in I erwähnten Deckungsgrenze (Versicherungssumme) kann als Stichtag einmal der Tag in Betracht kommen, an dem die Prämie für die bei Eintritt des Schadensereignisses laufende Versicherungsperiode fällig war. Nach VVG. § 9, auf welchen ausdrücklich verwiesen ist, gilt als Versicherungsperiode, falls nicht die Prämie nach kürzeren Zeitabschnitten bemessen ist, der Zeitraum eines Jahres. Es kommt auf die Bemessung der Prämie an, nicht darauf, ob zufällig in Raten gezahlt wird. Maßgebend ist der Tag der Fälligkeit, nicht der Tag der tatsächlichen Zahlung. Diese Regelung sollte praktischen Gesichtspunkten Rechnung tragen, da nachträglich der Tag der tatsächlichen Prämienzahlung oft schwerer festzustellen ist als der Tag der Prämienfälligkeit. Der erwähnte Stichtag ist auch dann maßgebend, wenn eine Prämienzahlung überhaupt unterblieben ist. Auch wenn mehrere Jahre lang keine Prämien gezahlt sind, ist der Prämienfälligkeitstag des Jahres, in welchem sich der Schaden ereignete, der Berechnung zugrunde zu legen. Selbstverständlich sind die Verpflichtungen des Versicherers jedoch erloschen, wenn er infolge Nichtzahlung der Prämie gemäß VVG. §§ 38, 39 ordnungsmäßig gekündigt hat. Der Begriff „Schadensereignis" paßt im wesentlichen nur für die Versicherung gegen Haftpflichtansprüche z. B. wegen Körperverletzung und Sachbeschädigung, nicht aber für die Haftpflicht wegen reiner Vermögensschäden, etwa wenn es sich bei der Haftung von Beamten, Rechtsanwälten, Notaren um Unterlassungen handelt. Hier ist maßgebend der sogenannte schadenstiftende Verstoß, also z. B. die fehlerhafte Beurkundung des Notars.

Die Stellung des Versicherten erfährt regelmäßig eine wesentliche Verbesserung, wenn Prämien vorausgezahlt sind. Hier ist nicht der Tag, an dem die Prämie fällig war, maßgebend, sondern der Tag der Prämienvorauszahlung. Auch in diesem Falle wird die Höhe des Goldmarkbetrages sinngemäß nach § 2 Abs. 1 AG. berechnet (siehe oben Anm. 3b); für die Zeit bis 1. Januar 1918 gilt demnach als Goldmarkbetrag der Nennbetrag, für spätere Termine ist die dem AG. beigegebene Umrechnungstabelle maßgebend.

Beispiel 3: Die festgestellte Haftpflichtschuld beläuft sich auf 5000 GM., der Versicherungsvertrag war im Jahre 1919 abgeschlossen, und zwar mit einer Höchstsumme von 500 000 PM. Das Schadensereignis war am 1. Dezember 1922 eingetreten, letzter Prämien-Fälligkeitstag war der 1. November 1922. Nach der Tabelle zum AG. entsprach den 500 000 PM. am 1. November 1922 ein Goldwert von 380 Mark. Obwohl also an sich 20 v. H. von 5000 Mark = 1000 RM. zu zahlen gewesen wäre, ist der Versicherer infolge der Vorschriften über die Höchstgrenze nur zum Ersatz von 380 RM. verpflichtet.

Beispiel 4: Im Beispiel 3 sei die Prämie am 1. November 1919 auf 10 Jahre vorausgezahlt worden. Am 1. November 1919 betrug der Goldwert von 500 000 PM. = 63 000 GM. Hier sind die 1000 RM. (= 20 v. H. der 5000 RM. in Beispiel 4) ungekürzt zu zahlen.

Ist der Versicherte dem geschädigten Dritten zur Gewährung einer Rente verpflichtet, so kann er, wenn die Versicherungssumme den Kapitalwert der Rente nicht erreicht, nur einen verhältnismäßigen Teil der Rente verlangen (VVG. § 155 Abs. 1). Diese Bestimmung dürfte hier für die Feststellung, ob die Höchstgrenze erreicht ist oder nicht, entsprechend anzuwenden sein. Der Kapitalwert wird regelmäßig (§ 3 Abs. III Nr. 2 der Allgemeinen Versicherungsbedingungen für die Haftpflichtversicherung) auf Grund der im Statistischen Amt aufgestellten Sterblichkeitstafel für die männliche Gesamtbevölkerung des Deutschen Reichs (3. Vierteljahrsheft zur Statistik des Deutschen Reichs, 1908) und eines Zinsfußes von jährlich 3½ v. H. ermittelt.

Beispiel 5: Angenommen es bestehe die Pflicht des Versicherten zur Zahlung einer Rente von 4000 RM. jährlich an den Geschädigten, der im Alter von 42 Jahren steht. Grundsätzlich hat der Versicherte hiervon 20 v. H., also jährlich 800 RM. zu zahlen. Ferner sei angenommen, der nach dem früher Gesagten berechnete Goldmarkbetrag der Vorkriegssumme sei nur 9570 GM. Der Barwert der von der Gesellschaft zu zahlenden 800 RM. Jahresrente beträgt 800 × 15,95 = 12760 RM. Die Rente muß also im Verhältnis von 9570 : 12760, also auf ¾, ermäßigt werden. Die Gesellschaft hat in diesem Falle nur 600 RM. jährliche Rente zu zahlen.

Soweit der Versicherte an den Geschädigten Zinsen zu zahlen hat, dürfte sie der Versicherer regelmäßig entsprechend seinem Anteil zu ersetzen haben.

d) Kosten eines Rechtsstreits.

Nach VVG. § 150 Abs. 1 Satz 1 umfaßt die Haftpflichtversicherung auch die gerichtlichen und außergerichtlichen Kosten, die durch die Verteidigung gegen den von einem Dritten geltend gemachten Anspruch entstehen, soweit die Aufwendung der Kosten den Umständen nach geboten ist. Für den Fall, daß die Haftpflichtansprüche die Versicherungssumme übersteigen, enthalten die AVB. für die Haftpflichtversicherung Vorschriften über die anteilige Haftung für die Prozeßkosten. Dem entspricht auch die Bestimmung in VO. Art. 2 Abs. 2, wonach die aus dem Versicherungsvertrage sich ergebende Verpflichtung des Versicherers, die Prozeßkosten zu übernehmen, mit der Maßgabe unberührt bleibt, daß der Versicherer die Prozeßkosten nur im Verhältnis der ihm nach Abs. 1 obliegenden Leistungen zur Gesamthöhe der Haftpflichtschuld zu tragen hat. Im Beispiel 3 sind also $^{38}/_{500}$ der Kosten, im Beispiel 4 anderseits $^{1}/_{5}$ der Kosten zu ersetzen.

Nach VVG. § 150 Abs. 1 Satz 2 hat der Versicherer die den Umständen nach gebotenen Prozeßkosten auch dann zu erstatten, wenn sich der Anspruch als unbegründet erweist. Hier dürften die Kosten als Hauptleistung anzusehen und die unter a bis c besprochenen Grundsätze anzuwenden sein: Es werden also 20 v. H. der nach dem Versicherungsvertrag zu erstattenden Prozeßkosten vergütet; sollte der Goldmarkbetrag der Versicherungssumme hierdurch überschritten werden, so wird höchstens dieser Betrag gewährt.

e) Aufwertung der Haftpflichtversicherungsverträge ohne Rücksicht auf die Zeit des Schadensfalles.

Die in Art. 2 vorgesehene Regelung erstreckt sich zunächst auf die eingetretenen und noch nicht oder doch nicht vollständig erledigten Versicherungsfälle. Während aber bei der Sachversicherung, wie im Art. 3 näher dargelegt wird, ein Anspruch auf Aufwertung nur besteht, wenn nach der Schadensanzeige bis zum Zeitpunkt der Entschädigungsleistung eine Geldentwertung eingetreten, ist die Regelung bei der Haftpflichtversicherung eine andere. Solange Verträge laufen, für welche die Prämie noch auf Jahre vorausgezahlt ist — dies gilt z. B. auch bei der lebenslänglichen Haftpflichtversicherung —, ist der Versicherer zur Leistung nach der VO. noch verpflichtet, auch wenn das Schadensereignis erst nach dem 14. Februar 1924 (aber selbstverständlich nur solange der Vertrag läuft) eingetreten ist.

4. Ansprüche aus Versicherungsverträgen anderer Art, soweit der Versicherte auf Grund des Vertrages die Befreiung von einem gegen ihn geltend gemachten Haftpflichtanspruch verlangen kann.

Vielfach kommt es vor, daß in Versicherungsverträgen, die nicht lediglich die Haftpflicht betreffen, doch gewisse Haftpflichtwagnisse übernommen werden. Zur Beseitigung etwa möglicher Zweifel wurde daher in Abs. 3 bestimmt, daß hinsichtlich derartiger Haftpflichtansprüche grundsätzlich die Vorschriften von Abs. 1 und 2 über die Aufwertung in der Haftpflichtversicherung gelten. Im übrigen finden die für den Hauptteil des Vertrages geltenden Aufwertungsvorschriften, z. B. die für die Sachversicherung, Anwendung.

a) Zu erwähnen ist zunächst der Fall von VVG. § 129 Abs. 2 Satz 2. Danach haftet bei der Binnenschiffahrtsversicherung der Versicherer auch für den Schaden, den der Versicherte infolge eines Zusammenstoßes von Schiffen dadurch erleidet, daß er den einem Dritten zugefügten Schaden zu ersetzen hat. (Wegen der Seeversicherung siehe Anm. 5.) Es handelt sich hier um sog. mittelbare Kollisionsschäden (Hager-Bruck zu § 129 Anm. 2). Die Haftung für mittelbare Kollisionsschäden gehört an und für sich der Haftpflichtversicherung an (RGE. vom 14. November 1904 in RGZ. 59, 158) wir daber von jeher von den Transport- (und See)versicherern getragen. Das schließt nicht aus, daß Grundsätze der Haftpflichtversicherung entsprechend zur Anwendung kommen (RGE. vom 28. November 1896 in RGZ. 38, 50; Hager-Bruck a. a. O.; Ritter, Seeversicherung, S. 982). Hinsichtlich der mittelbaren Kollisionsschäden gelten also die Vorschriften dieser VO. über die Aufwertung der Haftpflichtversicherungen.

b) Ferner ist z. B. bei der Kraftfahrzeugversicherung vielfach die Kasko- und Haftpflichtversicherung in einem und demselben Vertrage übernommen. Das kann in der Weise geschehen, daß für das gesamte in dem Vertrag übernommene Wagnis eine einheitliche Prämie festgesetzt wird und der Vertrag nur als Ganzes geschlossen und gelöst werden kann. Solche Verträge können aber auch in der Weise abgeschlossen werden, daß nur aus äußeren Gründen Kaskoversicherung und Haftpflichtversicherung in dem gleichen Versicherungsscheine beurkundet werden; für die zwei Wagnisse werden getrennte Prämien berechnet, und die Vertragsteile können nach Belieben entweder die Kaskoversicherung oder die Haftpflichtversicherung kündigen, den übrigen Teil des Vertrages jedoch fortbestehen lassen. In beiden Fällen handelt es sich um eine echte Haftpflichtversicherung. Die Aufwertung der Ansprüche aus der Kaskoversicherung richtet sich nach Art. 3, der Ansprüche aus dieser Haftpflichtversicherung nach Art. 2. Soweit in dem gleichen Vertrag auch noch die Unfallversicherung übernommen ist, kommen je nach Lage des Falles die Bestimmungen vom AG. § 59 Abs. 1 oder von VO. Art. 3 (s. dort Anm. 2) in Frage.

c) Entsprechendes gilt, wenn bei sonstigen Arten einheitlicher Versicherungen ein Haftpflichtwagnis eingeschlossen ist,

z. B. bei der in einem einzigen Versicherungsscheine niedergelegten Versicherung eines Hausbesitzers gegen Feuer-, Wasserleitungs- und Haftpflichtschäden.

d) Endlich sei noch auf einen Sonderfall aus dem Gebiete der Versicherungen gegen Wasserleitungsschäden hingewiesen. Nach den allgemeinen Versicherungsbedingungen für diesen Versicherungszweig (§ 1 Abs. 4) ist nämlich unter gewissen Voraussetzungen und Einschränkungen in die Versicherung eingeschlossen: die nicht anderweitig versicherte gesetzliche Haftpflicht, die dem Versicherungsnehmer dadurch erwächst, daß fremdes Eigentum durch das Wasser beschädigt wird. Auch hier kommt für Ansprüche auf Grund dieser Bestimmung Aufwertung nach Art. 2 in Frage.

5. **Mittelbare Kollisionsschäden (Seekaskohaftpflichtversicherung).**

Abs. 4 bildet eine Ausnahme von Abs. 3. Es handelt sich dabei (siehe Anm. 3a) ebenfalls um mittelbare Kollisionsschäden, jedoch solche in der Seeversicherung (HGB. § 820 Abs. 2 Nr. 7; neue Allgem. Deutsche SeeversBed. § 78 Abs. 1; alte SeeversBed. § 69 Abs. 2 Nr. 7). Abs. 4 VO. bezieht sich nur auf diese Fälle, nicht z. B. auf Bergelohn- und Havariegrosse-Ansprüche. Zur Klarstellung sind daher im Anschluß an die erwähnten Bestimmungen der SeeversBed. hinter Seekaskohaftpflichtversicherung in Klammern die Worte „mittelbare Kollisionsschäden" gesetzt worden. Eine besondere, neue Begriffsbestimmung war hiermit nicht beabsichtigt.

Die Vorschrift findet ihre Begründung in den besonderen Verhältnissen der Seeschiffahrt (Verpflichtung meist gegen ausländische Anspruchsberechtigte, überhaupt Verpflichtungen in ausländischer Währung gegenüber Beschädigten im Auslande usw.). Die Bestimmung, die nach Lage der Sache nicht mehr von großer Bedeutung sein dürfte, beruht auf einer nach eingehenden Verhandlungen zwischen den Reedern und Seeversicherern erzielten Verständigung.

Auch VO. Abs. 4 gilt nur, insoweit es sich um die besprochene Haftpflicht handelt. Im übrigen sind für Ansprüche aus dem Seeversicherungsvertrag grundsätzlich die Vorschriften des Art. 3 maßgebend.

Im einzelnen gilt folgendes: Bei den mittelbaren Kollisionsschäden in der Seeversicherung ist die Frage der Aufwertung nicht nach Art. 3 Abs. 1 bis 3, sondern nach allgemeinen Vorschriften je nach Lage des Falles zu beurteilen. Der Ausdruck „allgemeine Vorschriften" findet sich z. B. auch in AG. § 62. Es handelt sich hierbei um Vorschriften, welche sich aus den Bestimmungen des bürgerlichen Rechts mit Einschluß des Währungsrechtes ergeben (vgl. Michaelis, zu AG. § 62 Anm. 2; ferner Mügel zu AG. § 62 Anm. 2: zu verstehen sind darunter die durch die Rechtsprechung entwickelten Grundsätze des allgemeinen bürgerlichen Rechtes in der Aufwertungsfrage). Den Gegensatz bilden die besonderen Vorschriften, die über diesen Gegenstand anläßlich des eingetretenen Währungsverfalls, z. B. in der III. Steuernotverordnung und später im AG., ergangen sind (Michaelis a. a. O.). Die Entscheidung erfolgt nach Lage des einzelnen Falles; im besonderen wird die Höhe des Aufwertungssatzes unter Berücksichtigung der jeweiligen Verhältnisse festgesetzt. Die Entscheidung erfolgt hinsichtlich der Höhe durch die Aufwertungsstelle (vgl. jedoch nächsten Absatz über Zuständigkeit des Prozeßgerichts). Für das Verfahren sind an sich die §§ 71 f., 73 ff. AG. maßgebend (siehe auch Art. 4 Anm. 3). Es erschien zweckmäßig, die zuständige Aufwertungsstelle einheitlich zu bestimmen, im besondern auch für den Fall, daß mehrere Versicherer beteiligt sind. Maßgebend soll daher der Ort sein, an dem die Police gezeichnet ist. Es kommt somit regelmäßig auf den Sitz der Versicherer oder des Versicherten nicht an.

Eine Besonderheit gilt für den Fall, daß der Versicherungsanspruch vor dem 1. November 1925 durch

Klage des Versicherten gegen den Versicherer rechtshängig geworden ist (ZPO. § 263): hier entscheidet, ebenfalls nach Maßgabe der allgemeinen Vorschriften im einzelnen Falle, anstatt der Aufwertungsstelle das Prozeßgericht. Es wird ausdrücklich von dem „Prozeßgericht" gesprochen. Danach kann der Fall durch sämtliche Instanzen, die in der Zivilprozeßordnung vorgesehen sind, verfolgt werden. Es muß sich um die Klage des Versicherten gegen den Versicherer handeln. Es genügt nicht, daß der Versicherte vor dem erwähnten Zeitpunkt von dem Kollisionsgegner verklagt worden ist. Die VO. spricht ferner nicht von „gerichtlichem Verfahren", sondern ausdrücklich von „Klage". Eine Streitverkündung z. B. genügt also nicht, um die Zuständigkeit des Prozeßgerichtes zu begründen.

Im übrigen finden die sonstigen Bestimmungen der VO., mit Ausnahme des hier nicht in Betracht kommenden Artikels 4, grundsätzlich ebenfalls Anwendung. Art. 4 (Herabsetzung) kommt nicht in Frage, weil die Beurteilung der Höhe der Aufwertung ohnedies vollkommen dem freien Ermessen der entscheidenden Stelle überlassen worden ist.

Hinsichtlich der Wege der Rechtsverfolgung vgl. Art. 1 Anm. 8.

Bemerkt sei noch, daß die Wahl des 1. November 1925 als Stichtag eine rein zufällige ist. Es sollte ein möglichst früher Termin sein, an welchem noch niemand an die in der VO. vorgesehene Regelung denken konnte. Auf diese Weise wollte man der nachträglichen Begründung der Zuständigkeit des Prozeßgerichtes im Falle des Art. 2 Abs. 4 letzter Halbsatz der VO. vorbeugen.

Sachversicherung usw.

Artikel 3[1].

(1) Ansprüche der Versicherten aus Versicherungsverträgen anderer[2] als der im § 59 Abs. 1 des Auf-

wertungsgesetzes und in den Artikeln 2, 9 und 10 dieser Verordnung bezeichneten Art[2] unterliegen der Aufwertung nur[3] dann, wenn dadurch, daß die Entschädigungssumme[7] nicht spätestens am 30. Tage[5] nach der Schadensanzeige gezahlt wurde, ein Geldentwertungsschaden[4] eingetreten ist.

(2) Als Geldentwertungsschaden gilt der Betrag, um den sich der nach § 2 Abs. 1 des Aufwertungsgesetzes auf den 30. Tag[5] nach der Schadensanzeige berechnete Goldmarkwert[6] der vertragsmäßigen Entschädigungssumme[7] in der Zeit zwischen diesem Tage[5] und dem Tage der Zahlung[5] vermindert hat. Der hiernach eingetretene Geldentwertungsschaden wird in Höhe von 50 vom Hundert erstattet[6, 8].

(3) Soweit noch keine Zahlung erfolgt ist, sind 50 vom Hundert des nach § 2 Abs. 1 des Aufwertungsgesetzes auf den 30. Tag[5] nach der Schadensanzeige berechneten Goldmarkbetrags[6] der vertragsmäßigen Entschädigungssumme[7] zu gewähren[8].

1. Leitender Grundgedanke.

Art. 3 enthält eine Art Generalbestimmung. Es fallen darunter alle Versicherungsverträge, für die nicht ausdrücklich durch irgendeine Vorschrift eine andere Regelung vorgesehen ist. In Betracht kommt vor allem die Sachversicherung nebst der Transportversicherung. Die Aufwertung in diesen Fällen geschieht in der Art, daß der Geldentwertungsschaden ersetzt wird, der infolge nicht rechtzeitiger Zahlung der Entschädigungssumme eingetreten ist. Man hat hier eine Regelung gewählt, die im wesentlichen der Stellungnahme der Gerichte hinsichtlich der erwähnten Versicherungszweige entspricht. Die Gerichte billigten regelmäßig nicht den vollen Geldentwertungsschaden zu, sondern brachten — in Anbetracht dessen, daß auch der Versicherte nicht in der Lage gewesen wäre, den vollen Entschädigungsbetrag wertbeständig anzulegen — einen sog. Verarmungsfaktor in Abzug (vgl. Berliner, Die Aufwertung der Sachversicherungsverträge, Zeitschrift für die ges. Versicherungswissenschaft 1925 S. 282 ff., 295). Im allgemeinen kamen die Gerichte auf Sätze zwischen 20 und 75 v. H., meist auf 50 v. H. Der letzterwähnte Hundertsatz wurde auch in die VO. aufgenommen. Eine derart gleichmäßige Verteilung des Geldentwertungsschadens auf Versicherer und Versicherte schien am meisten der Billigkeit zu entsprechen. Ferner wurde angenommen, daß dieser Satz, soweit ein Überblick überhaupt möglich, wohl im Rahmen dessen liege, was vom Standpunkt der Versicherer aus noch als tragbar bezeichnet werden könne.

Grundsätzlich ist der in Goldmark berechnete Wert der Entschädigungssumme am 30. Tage nach der Schadensanzeige maßgebend. Hiervon werden 50 v. H. gewährt. Ist bereits eine Zahlung erfolgt, so gilt als Geldentwertungsschaden — von dem 50 v. H. zu vergüten sind — der Unterschied zwischen dem Goldmarkbetrag der vertragsmäßigen PM.-Entschädigungssumme am 30. Tage nach der Schadensanzeige und deren Goldmarkwert am Tage der Zahlung.

2. Versicherungsverträge anderer Art.

I. Die im Art. 3 vorgesehene Regelung der Aufwertung gilt für alle Versicherungsverträge, soweit nicht für sie an irgendeiner anderen Stelle im AG., der DVO. oder der VO. Bestimmung getroffen ist. Es scheiden somit aus:

a) Lebensversicherungsverträge (AG. § 59 Abs. 1, DVO. Art. 95 ff., s. Teil I);

b) alle Haftpflichtversicherungsverträge, einerlei ob für sie ein Prämienreservefonds zu bilden war oder nicht (AG. § 59 Abs. 1; DVO. Art. 95 ff.; VO. Art. 2); das gleiche gilt für Haftpflichtversicherungsansprüche, die aus Versicherungsverträgen anderer Art hergeleitet werden können (VO. Art. 2 Abs. 3 und 4 sowie Anm. hierzu);

c) Unfallversicherungsverträge, für die nach gesetzlichen Vorschriften oder Vorschrift der Aufsichtsbehörde vor dem 14. Februar 1924 ein Prämienreservefonds gemäß §§ 56 ff. VAG. zu bilden war. Ein solcher Prämienreservefonds kommt in Frage, soweit die Unfallversicherung nach Art der Lebensversicherung (VAG. §§ 12, 63, 99 Abs. 1 VAG.) betrieben wird. Hierher gehören folgende Fälle: die gegen einmalige Prämie abgeschlossenen lebenslänglichen Eisenbahn- und Dampfschiff-Unglücksversicherungen, die Rückgewähransprüche aus Unfallversicherungen mit Prämienrückgewähr und ferner bei den vor dem 14. Februar 1924 eingetretenen Versicherungsfällen die Ansprüche auf Unfallrenten (AG. § 59 Abs. 1; DVO. Art. 95 ff.; vgl. Teil I Art. 95 Anm. 3a);

d) Krankenversicherungsverträge, für die vor dem 14. Februar 1924 ein Prämienreservefonds zu bilden war (AG. § 59 Abs. 1, DVO. Art. 95 ff.). Fälle dieser Art kommen kaum in Frage, da die Krankenversicherung in der Regel als reine Risikoversicherung betrieben wird;

e) Hagel- und Viehversicherungen. Hier erfolgt überhaupt keine Aufwertung (VO. Art. 9);

f) Rückversicherungen. Hier ist die Frage der Aufwertung offen geblieben. Art. 10 bestimmt lediglich, daß die Vorschriften der VO. keine Anwendung finden.

II. Auf alle unter I nicht erwähnten Versicherungsverträge finden die Vorschriften des Art. 3 Anwendung.

In Betracht kommen hier:

a) die gesamte Sachversicherung, also die Feuer-, Einbruchdiebstahl-, Glas-, Aufruhr-, Sturmschädenversicherung usw.

b) die Transport- und Seeversicherung. Ausgenommen sind die in VO. § 2 Abs. 3 und 4 erwähnten Fälle, wonach der Versicherte auf Grund des Versicherungsvertrages die Befreiung von einem gegen ihn geltend gemachten Haftpflichtansprüche verlangen kann (s. oben I, b);

c) Unfall- und Krankenversicherungsverträge, soweit es sich nicht um Fälle handelt, in welchen vor dem 14. Februar 1924 ein Prämienreservefonds zu bilden war (s. oben I, c und d). Nach VO. Art. 3 werden im wesentlichen Ansprüche auf Zahlung einer einmaligen Schadenssumme aufgewertet;

d) Wasserleitungsschädenversicherung, mit Ausnahme der in Art. 2 Anm. 4d erwähnten Fälle, in welchen der Versicherte auf Grund des Versicherungsvertrages die Befreiung von einem gegen ihn geltend gemachten Haftpflichtanspruche verlangen kann;

e) die Kreditversicherung;

f) die Einheitsversicherung: gedacht ist hierbei an Versicherungen nach Maßgabe der sog. Omnium-, Veredelungs-, Korso- usw. -Policen (VerAfP. 1921 S. 3/4). Es handelt sich, kurz gesagt, um Fälle, bei denen Lager- und Transportwagnis in dem gleichen Vertrage übernommen sind.

Demgegenüber gilt für die Autokaskoeinheitsversicherung folgendes: Je nachdem um welches Schadensereignis es sich handelt, regelt sich die Aufwertung nach Art. 3 (Autokasko- sowie meistens Unfallschäden) oder nach AG. § 59 Abs. 1 sowie VO. Art. 2 (Haftpflichtschäden). S. Art. 2 Anm. 4b.

3. **Begrenzung der Aufwertung.**

Durch Art. 3 Abs. 1 ist die Frage der Aufwertung hinsichtlich der in Betracht kommenden Ansprüche endgültig geregelt. Aus sonstigen rechtlichen Gesichtspunkten kann ein Aufwertungsanspruch nicht mehr hergeleitet werden, namentlich auch nicht mehr aus den Grundsätzen von Treu und Glauben oder der Äquivalenz von Leistung und Gegenleistung. Unberührt bleiben jedoch etwaige weitergehende Ansprüche wegen Schuldnerverzugs (BGB. §§ 284 ff.); der Versicherte hat für das Vorliegen dieser Voraussetzung (im besonderen eines Verschuldens der Gesellschaft) die Beweislast.

4. Art der Aufwertung: teilweiser Ersatz des Geldentwertungsschadens.

Bei der Aufwertung von Versicherungsverträgen nach Art. 3 wird — die VO. folgt hier der Übung der Gerichte — von dem Geldentwertungsschaden ausgegangen, den der Versicherte nach Eintritt des Schadensfalles erlitten hat. Es muß also ein Schadensfall (Versicherungsfall) vorliegen. Es muß ferner in der Zeit vom 30. Tage nach der Schadensanzeige ab mit Rücksicht auf die nicht rechtzeitige Zahlung der Entschädigungssumme ein Geldentwertungsschaden eingetreten sein. Für Schäden, die seit dem 30. Tage vor der Stabilisierung der Mark — letzteres ist seit 20. November 1923 der Fall — eingetreten sind, kommt also eine Aufwertung nicht mehr in Frage. Ist z. B. bei einem am 4. Januar 1923 abgeschlossenen Feuerversicherungsvertrage der Schaden am 1. November 1923 eingetreten, so findet eine Aufwertung nicht statt.

Der Geldentwertungsschaden muß ferner infolge nicht rechtzeitiger Zahlung der Entschädigungssumme eingetreten sein. Vorausgesetzt ist also nicht, daß die Zahlung schuldhaft, d. h. infolge von Vorsatz oder Fahrlässigkeit (BGB. § 276), unterblieben ist. Anderseits wird man aber der Versicherungsgesellschaft nicht versagen können, die Aufwertung abzulehnen, wenn sie nachweist, daß die PM-Zahlung infolge Verschuldens (Verzugs) des Versicherten nicht rechtzeitig erfolgen konnte. Hatte der Versicherte nach dem Vertrage das Recht, sich erst nach längerer Zeit hinsichtlich der Zahlung zu entscheiden — gegegebenenfalls z. B. bei Verträgen mit der Wiederaufbauklausel — so wird man bei einer hierdurch verursachten Verzögerung der Zahlung schwerlich von einem Verschulden des Versicherungsnehmers sprechen können; der Versicherte hat hier also Anspruch auf Aufwertung gemäß Art. 3.

Es handelt sich um Fragen, die je nach Lage des einzelnen Falles beurteilt werden müssen. Der Versicherte hat grundsätzlich die Beweislast dafür, daß die Zahlung nicht rechtzeitig, d. h. nicht am 30. Tage nach der Anzeige, erfolgt ist, und ferner dafür, daß ein Geldentwertungsschaden eingetreten ist. Der Versicherte hat den Gegenbeweis zu erbringen, wenn er trotz Vorliegens dieser Voraussetzungen sich nicht für verpflichtet hält, die Aufwertung anzuerkennen. Der Geldentwertungsschaden wird nicht voll, sondern nur in Höhe von 50 v. H. ersetzt; s. Anm. 6.

5. **Maßgebender Stichtag.**

Wie bereits erwähnt, hat der Versicherer nur für den Geldentwertungsschaden aufzukommen, der innerhalb einer gewissen Zeit eingetreten ist. Art. 3 Abs. 2 und 3 regeln zwei verschiedene Fälle der Berechnung des Schadens, je nachdem ob eine Zahlung des Versicherers bereits erfolgt ist oder nicht. Als Stichtag, der beidemal maßgebend ist, kommt zunächst der 30. Tag nach der Schadensanzeige in Betracht. Der Versicherte hat diese Anzeige, sobald er von dem Eintritt des Versicherungsfalles Kenntnis erlangt, unverzüglich zu machen (VVG. § 33). In VVG. § 92 ist für die Feuerversicherung — die allgemeinen Versicherungsbedingungen für die übrigen Versicherungszweige enthalten meist auch entsprechende Bestimmungen — eine Frist von zwei Tagen für die Anzeige vorgesehen. Nach VVG. § 94 beginnt nach dem Ablauf eines Monats seit der Anzeige des Versicherungsfalles der Zinsenlauf. Ebenso ist nach Ablauf eines Monats vom Versicherer regelmäßig eine Teilzahlung zu leisten. Hiermit steht im Zusammenhang, daß für die Berechnung des Geldentwertungsschadens der 30. Tag nach der Schadensanzeige als Stichtag angenommen wurde. (Lediglich aus gesetzlichen Gründen wird von 30 Tagen und nicht von einem Monat gesprochen; eine weitere Bedeutung hat die geringe Änderung der Frist nicht). Die getroffene

Regelung dürfte auch der Stellungnahme des Reichsgerichts (RGE. vom 16. 10. 1925, abgedr. VerAfP. 25, 90) entsprechen, das anerkannte, daß dem Versicherer eine notwendige Überlegungs- und Nachprüfungsfrist zugestanden werden müsse. Erwägungen dieser Art sprechen auch dafür, daß der Lauf der Frist nicht etwa mit dem Tage der Absendung der Anzeige, sondern mit dem Tage des Eingangs der Anzeige bei der Versicherungsgesellschaft beginnt; der Umstand, daß nach VVG. § 92 Abs. 1 Satz 2 durch die Absendung der Anzeige die Frist gewahrt bleibt, ist hierauf ohne Einfluß.

Ist die Entschädigungssumme bereits ganz oder teilweise gezahlt, so kommt noch ein weiterer Stichtag in Frage: der Tag der Zahlung. Hier muß entscheidend sein der Tag, an welchem der Versicherte in den Besitz der Summe kam, sei es in bar, sei es durch Gutschrift auf einem Konto. Soweit letzteres geschah, wird regelmäßig der Tag der Gutschrift maßgebend sein müssen.

Im übrigen kommen für die Feststellung der besprochenen Fristen und Tage auch die §§ 187 bis 192 BGB. in Betracht.

6. Goldmarkbetrag der Entschädigungssumme. Aufwertungssatz.

Hat der Versicherer eine Zahlung geleistet, so richtet sich die Aufwertung nach der zwischen den beiden in Anm. 5 genannten Stichtagen eingetretenen Geldentwertung. Ist überhaupt keine Zahlung erfolgt, so wird bei der Berechnung der Goldmarkbetrag der Entschädigungssumme am 30. Tage nach der Anzeige zugrunde gelegt. Für die Berechnung ist die dem § 2 Abs. 1 AG. beigegebene Tabelle maßgebend, und zwar sowohl für den Anfangs- als auch für den Schlußtag. Eine weitere Bedeutung hat die Anführung des § 2 Abs. 1 nicht. Wenn der Schaden vor dem 1. Januar 1918 eingetreten ist, und der 30. Tag nach der Anzeige vor diesem Termin liegt, dann ist der Nennwert der Entschädigungssumme der Berechnung zugrunde zu legen.

In Art. 3 wird stets nur von der „Entschädigungssumme" ausgegangen. Schon hieraus wird zu entnehmen sein, daß die Aufwertung sich nur auf die Hauptsumme erstreckt und eine Aufwertung etwaiger Zinsen nicht in Frage kommt. Auch die Gerichte haben, soviel bekannt, hinsichtlich der Zinsen grundsätzlich keine Aufwertung zugebilligt (vgl. auch Berliner, Die Aufwertung der Sachversicherungsverträge, Zeitschr. für die gesamte Vers.wissenschaft 1925, S. 294 f.), indem u. a. darauf hingewiesen wurde, daß bei der Feststellung des Aufwertungsbetrages von dem Jetztwerte der Forderung ausgegangen werde.

Wegen Verzinsung des Aufwertungsanspruchs nach Inkrafttreten der VO. vgl. Art. 5 Anm. 5.

Der Aufwertungssatz beträgt 50 v. H. Soweit eine Zahlung erfolgt ist, hat der Versicherte Anspruch auf 50 v. H des in der Zeit zwischen dem 30. Tage nach der Schadensanzeige und dem Tage der Zahlung eingetretenen Geldentwertungsschadens. Ist keine Zahlung erfolgt, so wird 50 v. H. des auf den 30. Tag nach der Anzeige berechneten Goldmarkbetrages der Entschädigungssumme gewährt.

Beispiel 1: Die Versicherungssumme belief sich auf 500 000 Papiermark. Der Schaden trat am 12. Januar 1922 ein. Die Schadensanzeige kam am 14. Januar in den Besitz der Gesellschaft. Eine Zahlung der Versicherungssumme ist infolge der zunehmenden Geldentwertung unterblieben. Am 30. Tage nach der Schadensanzeige, also am 13. Februar 1922, entsprach den 500 000 Papiermark ein Goldwert von 11 200 Goldmark. Zu vergüten ist die Hälfte mit 5600 Reichsmark.

Beispiel 2: Wäre im Beispiel 1 am 1. Mai 1922 Zahlung von 500 000 Papiemark erfolgt, so ergäbe sich folgende Rechnung:

Goldmarkwert dieser Papiermarksumme am 13. Februar 1922	11 200 GM.
Goldmarkwert dieser Papiermarksumme am 1. Mai 1922	7500 GM.
Der Geldentwertungsschaden beläuft sich somit auf den Unterschied	3700 GM.
Hiervon 50 v. H.	1850 RM.

sind dem Versicherten von der Gesellschaft zu vergüten. Jener hat alsdann in Goldmark insgesamt 7500 + 1850 = 9350 GM. erhalten. (Vgl. auch Anm. 8 a. Ende.)

7. Vertragsmäßige Entschädigungssumme. Unterversicherung.

Bei Berechnung der vom Versicherer zu gewährenden Aufwertungsleistung wird von der vertragsmäßigen Entschädigungssumme ausgegangen, d. h. von der effektiven Schadenssumme, wie sie auf Grund des Versicherungsvertrages berechnet wird. Dies ist besonders von Bedeutung wegen der Frage der Unterversicherung (VVG. § 56). Die Frage der Unterversicherung ist nur von Bedeutung, wenn ein Teilschaden vorliegt. Es wird zunächst die Entschädigungssumme, gegebenenfalls unter Berücksichtigung der Unterversicherung, in Papiermark berechnet, wie es der Vertrag vorsieht. Alsdann wird die auf diese Weise festgestellte Summe zum Kurs des in Betracht kommenden Stichtages in Goldmark umgerechnet.

Beispiel 3: Ein Warenlager wurde am 18. Februar 1923 gegen Feuer mit 50 Millionen Papiermark versichert. Am 31. Mai 1923 brannten Waren im Werte von 80 Millionen Papiermark ab, ohne daß die Papiermarkversicherungssumme erhöht worden war. Der Gesamtwert des Lagers war inzwischen auf 400 Millionen Papiermark gestiegen. Nach VVG. § 56 ergibt sich folgende Berechnung:

$$\text{Entschädigung} = \frac{\text{Schaden} \times \text{Versicherungssumme}}{\text{Gesamtversicherungswert}}$$

$$\text{also E} = \frac{80 \text{ Millionen} \times 50 \text{ Millionen}}{400\,000 \text{ Millionen}} = 10 \text{ Millionen}$$

Die vertragsmäßige Entschädigungssumme beträgt also 10 Millionen Papiermark. Wenn die Schadensanzeige am gleichen Tage erstattet wurde, so sind — falls überhaupt noch keine Zahlung geleistet wurde — zu ersetzen (am 30. Juni 1923 waren nach der Tabelle zu § 2 Abs. 1 AG. 100 000 Papiermark = 2,87 Goldmark): 287 Goldmark. (Bei einem Vollschaden wäre stets die Versicherungssumme von 50 Millionen Papiermark, umgerechnet = 1435 Goldmark zu ersetzen gewesen.)

8. Berechnung der Aufwertung bei teilweise gezahlter Entschädigungssumme.

a) Es kann auch der Fall vorliegen, daß aus irgendeinem Grunde — z. B. weil über einen Teil des Anspruches Streit herrschte oder weil eine Abschlagszahlung (siehe auch VVG. § 94) geleistet war — der Versicherer zunächst nur einen Teil der Entschädigungssumme gezahlt hat. Auch hier erfolgt für den Rest die Berechnung nach Abs. 3.

Beispiel 4: Der 30. Tag nach der Schadensanzeige war der 5. November 1922. Der versicherte Vollschaden belief sich auf 10 Millionen PM. Gezahlt wurde am 4. Januar 1923 ein Teilbetrag von 4 Millionen PM., wobei keine Ablehnung der Leistung als Erfüllung (vgl. VO. Art. 5 Abs. 1 Satz 1) erfolgte. Eine Aufwertung kommt nur hinsichtlich der restlichen 6 Millionen PM. in Frage. Die Berechnung gestattet sich wie folgt:

Goldmarkwert der 6 Millionen PM. am 5. November 1922 = 4560 GM.

Der Versicherer hat die Hälfte hiervon zu vergüten = ...	2280 RM.
In Goldmark hat der Versicherte laut Umrechnungstabelle (am 4. Januar 1923 waren 10 000 PM. = 4,94 GM.) bereits erhalten 4 Millionen PM.	1976 GM.
Er bekam also im ganzen	4256 GM.

b) War der Teilbetrag unter ausdrücklicher Ablehnung als Erfüllung in Empfang genommen worden (VO. Art. 5 Abs. 1 Satz 1), so erstreckt sich die Aufwertung auch auf die Vorausleistung. Es wird für diese Teilleistung gemäß Art. 3 Abs. 2 der Geldentwertungsschaden bis zum Zeitpunkt der Zahlung berechnet. Die Hälfte hiervon hat der Versicherer — außer dem halben Geldentwertungsschaden hinsichtlich der nicht gezahlten Restleistung — zu vergüten.

Beispiel 5: Der Tatbestand sei der gleiche wie in Beispiel 4.

Goldmarkwert der Teilschuld von 4 Millionen PM. am Tage der Anzeige (5. November 1922)	3040 GM.
Goldmarkwert der Teilschuld von 4 Millionen PM. am Tage der Zahlung (4. Januar 1923)	1476 „
Geldentwertungsschaden	1064 GM.
Der Versicherte erhält hier zunächst die Hälfte hiervon, also	532 RM.
ferner für die überhaupt nicht gezahlten 6 Millionen PM. laut Rechnung in Beispiel 4	2280 „
nachgezahlt zusammen Summe	2812 RM.

Der Versicherte erhält hier also einschließlich der früher empfangenen 1967 GM. (siehe Beispiel 4) insgesamt 2812 + 1967 = 4879 GM.

c) Wie sich aus dem Gesagten ergibt, ist bei Teilleistungen jeder Teilbetrag für sich zu betrachten. Der nichtgezahlte Rest wird also nach VO. Art. 3 Abs. 3 aufgewertet. Hinsichtlich des gezahlten Teilbetrages findet keine Aufwertung statt, wenn die Leistung nicht als Erfüllung anerkannt wurde (VO. Art. 5 Abs. 1 Satz 1). War Ablehnung als Erfüllung erfolgt, dann wird die Aufwertung der nicht anerkannten Leistung nach VO. Art. 3 Abs. 2 berechnet.

d) Die Versicherungsgesellschaft wird nicht lediglich zur Aufwertung in Höhe von 50 v. H. des Goldmarkbetrags der Entschädigungssumme am 30. Tage nach der Schadensanzeige für verpflichtet erklärt. Ersetzt werden soll vielmehr nach den gesetzlichen Vorschriften — auch dies entspricht im allgemeinen den bisher ergangenen Gerichtsentscheidungen — der Geldentwertungsschaden. Die Folge davon ist allerdings, daß auf diese Weise ein Versicherter, der bereits eine Zahlung erhalten hat, sich besser stellt als ein anderer, an den überhaupt noch nichts geleistet wurde. Zu vgl. die Beispiele 4 und 5. Wäre also überhaupt nichts gezahlt worden, dann hätte der Versicherte nur Anspruch auf die Hälfte von 7600 = 3800 RM. gehabt. In den Fällen der Beispiele 4 und 5 erhält er insgesamt mehr, und zwar einmal 4256 GM., im anderen Falle 4879 GM.

Artikel 4[1].

Der Versicherer kann eine Herabsetzung[2, 3] der Aufwertung (Artikel 2 Abs. 1 bis 3 und Artikel 3) verlangen[3b], wenn dies mit Rücksicht auf seine wirtschaftliche Lage[2], insbesondere auch auf erhebliche, auf den Währungsverfall zurückzuführende Vermögensverluste, sowie mit Rücksicht auf die Ansprüche der übrigen Versicherten unabweisbar erscheint[2]. Zur Herabsetzung ist ausschließlich die für den Sitz des Versicherers zuständige[3a, 3c] Aufwertungsstelle zuständig (§§ 69 ff. des

Aufwertungsgesetzes). Die Aufwertungsstelle hat auf Antrag einer Partei das Gutachten eines von der Aufsichtsbehörde, bei nicht aufsichtspflichtigen Versicherungszweigen vom Reichsaufsichtsamte für Privatversicherung, zu bezeichnenden Sachverständigen einzuziehen[3c]. Entsprechendes gilt, wenn der Antrag erst im Verfahren vor dem Landgerichte gestellt wird[3d]. Die Bestimmungen des Reichsgesetzes über die Angelegenheiten der freiwilligen Gerichtsbarkeit, betreffend die Ablehnung von Sachverständigen, bleiben unberührt[3c]. Die Kosten[3c, 3f] der Sachverständigen trägt der Versicherer, sofern er die Zuziehung beantragt hat; im übrigen findet § 76 des Aufwertungsgesetzes Anwendung.

1. Leitender Grundgedanke.

Nach Lage der Sache lassen sich bei der Regelung der Aufwertung gewisse Härten kaum vermeiden. In zum Teil ähnlicher Weise, wie es das Aufwertungsgesetz in anderen Fällen vorsieht, soll auch bei Versicherungsverträgen dem Schuldner, also der Versicherungsgesellschaft, die Möglichkeit gegeben werden, unter Umständen eine Herabsetzung der Aufwertung zu verlangen. Wenn die Regelung der Aufwertung auch nicht unerhebliche Anforderungen an die Versicherungsunternehmungen stellen wird, so dürfte doch anzunehmen sein, daß eine Gesellschaft schon aus Konkurrenzgründen von der Möglichkeit der Herabsetzung nur im äußersten Falle Gebrauch machen wird. Zur Entscheidung über die Herabsetzung ist die Aufwertungsstelle zuständig. In dem Verfahren kann jede der Parteien den Antrag stellen, daß das Gutachten eines von der Aufsichtsbehörde, bei nicht aufsichtpflichtigen Versicherungszweigen vom Reichsaufsichtsamt für Privatversicherung, bezeichneten Sachverständigen eingeholt wird.

Art. 4 bezieht sich auf die in der VO. geregelten Fälle des Art. 3 sowie von Art. 2 Abs. 1 bis 3. Ausgenommen ist der Fall des Art. 2 Abs. 4 (Seekaskohaftpflichtversicherung), da ohnedies Aufwertungsstelle oder Prozeßgericht nach freiem Ermessen, unter Berücksichtigung aller maßgebenden Umstände, über die Höhe der Aufwertung entscheiden können.

2. Herabsetzung der Aufwertung: I. Voraussetzungen.

Die Herabsetzung kann erfolgen, wenn sie mit Rücksicht auf die wirtschaftliche Lage des Versicherers, im besonderen auch auf erhebliche, auf den Währungsverfall zurückführende Vermögensverluste sowie mit Rücksicht auf die Ansprüche der übrigen Versicherten unabweisbar erscheint.

Von Erleichterungen in Anbetracht der wirtschaftlichen Lage des Schuldners (Härteklausel), ist auch in AG. §§ 8, 34, 52 (Herabsetzung des Aufwertungsbetrags), § 15 (Ausschluß der Rückwirkung) sowie §§ 26, 27 (Rückzahlung in Teilbeträgen) die Rede. Mit VO. Art. 4 soll im allgemeinen der gleiche Zweck wie in diesen ähnlichen Bestimmungen erreicht werden.

Die Prüfung erfolgt mit Rücksicht auf die gesamte Wirtschaftslage der Gesellschaft. Zu berücksichtigen sind einerseits Aktivforderungen, wie etwaige Ansprüche an die Rückversicherer, anderseits aber auch die gesamten Verpflichtungen, sowohl gegenüber den übrigen (neuen und alten) Versicherten als auch gegenüber den sonstigen Gläubigern. Da es auf die „wirtschaftliche Lage" ankommt, dürfen auch die Kreditbedürfnisse und das Erfordernis der Aufrechterhaltung einer gewissen Bewegungsfreiheit nicht außer acht gelassen werden (vgl. Schlegelberger-Harmening, zu AG. § 8 Anm. 1, c).

In den oben erwähnten Fällen des AG. ist meist vorausgesetzt, daß die Herabsetzung mit Rücksicht auf die wirtschaftliche Lage des Verpflichteten „zur Abwendung einer groben Unbilligkeit" unabweisbar erscheint. Diese Worte fehlen in Art. 4. Gerade aus ihnen wird aber anscheinend im Schrifttum (vgl. Schlegelberger-Harmening, a. a. O.; Michaelis zu AG. § Anm. 1) regelmäßig der Schluß gezogen, daß auch die Lage des Gläubigers zu beachten sei, da die Frage, ob eine grobe Unbilligkeit vorliege, sich nur bei Abwägung der Verhältnisse beider Parteien beurteilen lasse. Mit Rücksicht auf die Fassung von Art. 4 Satz 1 dürften somit die Verhältnisse des einzelnen Versicherten grundsätzlich unerheblich sein. Deshalb wird der etwaige ermäßigte Aufwertungssatz, auf den in einem Falle von der Aufwertungsstelle erkannt wird, regelmäßig auch auf die sonstigen entsprechenden Versicherungsverpflichtungen der gleichen Unternehmung Anwendung finden können. Diese einheitliche Gestaltung wird dadurch erleichtert, daß für eine und dieselbe Gesellschaft stets ausschließlich die gleiche Aufwertungsstelle für zuständig erklärt ist (vgl. auch Anm. 3a sowie 3c).

3. Herabsetzung der Aufwertung: II. Verfahren.

a) Zuständigkeit.

Zuständig für die Entscheidung über die Herabsetzung ist die Aufwertungsstelle, die für den Sitz des Versicherers in Betracht kommt. Maßgebend sind (vgl. auch VO. Art. 11) AG. §§ 69 ff. sowie DVO. Art. 117 ff. Danach kommt grundsätzlich als Aufwertungsstelle das Amtsgericht in Betracht. Die obersten Landesbehörden können bestimmen, daß an Stelle der Amtsgerichte andere Landesbehörden zuständig sind, oder daß die Amtsgerichte einzelne Verrichtungen den Notaren übertragen können oder daß für mehrere Amtsgerichtsbezirke eine gemeinsame Aufwertungsstelle errichtet wird.

Während nach DVO. Art. 118 Abs. 1 und 2 gegebenenfalls z. B. das Amtsgericht für zuständig erklärt wird, in dessen Bezirke das Grundbuch, Schiffsregister oder Bahngrundbuch geführt wird, oder das Amtsgericht, bei welchem der Schuldner seinen allgemeinen Gerichtsstand hat, bestimmt Art. 4 der VO. ausdrücklich, daß sich die Zuständigkeit der

Aufwertungsstelle ausschließlich nach dem Sitze der (inländischen) Versicherungsunternehmung (vgl. ZPO. § 17) bestimmt. Dies gilt auch dann, wenn es sich um Streitigkeiten etwa einer (selbständigen) Zweigniederlassung handelt. Soweit ausländische Versicherungsunternehmungen unter Aufsicht stehen, wird der Sitz des Hauptbevollmächtigten (VAG. §§ 85 ff.) in Frage kommen. Wenn, wie z. B. bei der Transportversicherung (VAG. § 116), keine staatliche Aufsicht besteht, wird im allgemeinen der Sitz einer etwa vorhandenen inländischen Niederlassung der ausländischen Unternehmung für Begründung der Zuständigkeit der Aufwertungsstelle maßgebend sein.

Die Zuständigkeit ist eine ausschließliche. Diese Beschränkung ist von mehrfacher Bedeutung. Einmal kommt eine andere Stelle für eine Entscheidung überhaupt nicht in Frage. Die „Ausschließlichkeit" sollte ferner bedeuten, daß stets einzig und allein die Aufwertungsstelle des Sitzes der Versicherungsgesellschaft angerufen werden kann. Hierdurch wird auch erreicht, daß die Frage der Herabsetzung stets von der gleichen Aufwertungsstelle geprüft wird. Es wird infolgedessen vermieden, daß mehrere Stellen sich mit der Vermögenslage der Unternehmung beschäftigen und vielleicht mehrfach Sachverständige hören müssen. Damit dürfte ferner erreicht werden, daß es — wenn die gleichen Voraussetzungen noch vorliegen — bei derselben Gesellschaft hinsichtlich der Höhe des Aufwertungssatzes nach Möglichkeit nicht zu verschiedenen Entscheidungen kommt. (Vgl. auch Anm. 3c und 3e).

Auf das Verfahren vor der Aufwertungsstelle finden grundsätzlich die Vorschriften des Reichsgesetzes über die Angelegenheiten der freiwilligen Gerichtsbarkeit Anwendung (VO. Abs. 11; AG. § 73).

b) Einleitung des Verfahrens.

Die Aufwertungsstelle tritt in Tätigkeit, wenn ein Antrag auf Entscheidung gestellt wird. Als Antragsteller kommt nur der Versicherer oder ein legitimierter Vertreter des Versicherers in Frage. Für den Versicherten wird kaum ein Interesse bestehen, von sich aus das Verfahren vor der Aufwertungsstelle einzuleiten (vgl. auch unten e).

Eine bestimmte Frist für den Antrag ist nicht vorgesehen. Dieser kann also — ohne Wirkung auf die bereits geregelten Fälle — auch in späterer Zeit gestellt werden, falls sich etwa nachträglich die Verhältnisse des Versicherers verschlechtert haben sollten.

c) **Anhörung von Sachverständigen.**

Zur Entscheidung stehen hier Fragen, für welche eine besondere Sachkunde auf dem Gebiete des Versicherungswesens erforderlich ist. Laut gesetzlicher Vorschrift ist daher auf Antrag einer Partei das Gutachten eines von der Aufsichtsbehörde, bei nicht aufsichtspflichtigen Versicherungszweigen eines vom Reichsaufsichtsamt für Privatversicherung in Berlin W. 15, Ludwigskirchplatz 3/4, benannten Sachverständigen einzuholen. Bei aufsichtspflichtigen Versicherungszweigen kommt, wenn sich der Geschäftsbetrieb auf einen größeren Bezirk als ein deutsches Land (Bundesstaat) erstreckt (VAG. §§ 2, 3), regelmäßig das Reichsaufsichtsamt für Privatversicherung in Frage. Wegen der Zuständigkeit der Behörden im einzelnen s. Teil I Seite 26 ff., ferner S. 99 ff., 179. Die Transportversicherungsaktiengesellschaften sind aufsichtsfrei (VAG. § 116); den Sachverständigen hat hier also das Reichsaufsichtsamt zu ernennen.

Das Gericht ist anderseits an das Gutachten des Sachverständigen nicht gebunden. Es kann seine Entscheidung vollkommen nach eigenem Ermessen treffen. Dem Richter ist es auch freigestellt, sich seine Meinung erst nach Anhörung weiterer Sachverständiger zu bilden.

Hat das Gericht einmal seine Entscheidung getroffen, so wird es auf diese grundsätzlich auch dann zurückgreifen können, wenn ein neuer Antrag auf Entscheidung nach Art. 4 gestellt wird. (Vgl. Anm. 3e.) Auch soweit mehrere Verfahren anhängig sein sollten, kann nach DVO. Art. 121 eine Verbindung angeordnet, eine solche Anordnung allerdings auch wieder aufgehoben werden

Ein vom Reichsaufsichtsamt ernannter Sachverständiger kann wie jeder andere Sachverständige nach den Bestimmungen von FGG. § 12 (ZPO. § 406) abgelehnt werden.

d) **Rechtsmittel.**

Maßgebend ist AG. § 74. Danach findet gegen die Entscheidung der Aufwertungsstelle die sofortige Beschwerde statt. Über die sofortige Beschwerde entscheidet das Landgericht. Das in Anm. 3c hinsichtlich der Sachverständigen Gesagte gilt entsprechend, wenn der Antrag auf Einholung eines Gutachtens erst in dem Verfahren vor dem Landgericht gestellt wird. Gegen die Entscheidung des Landgerichts ist die sofortige weitere Beschwerde an das Oberlandesgericht zulässig, wenn die Entscheidung auf einer Verletzung des Gesetzes beruht. Unter Umständen ist bei widersprechenden Entscheidungen die Sache dem Reichsgericht vorzulegen (AG. § 74 Abs. 1 Satz 4 FGG. § 28 und c 199). Gegen die Entscheidung der Aufwertungsstelle kann unter Übergehung der Beschwerdeinstanz unmittelbar die sofortige weitere Beschwerde eingelegt werden, wenn der Gegner einwilligt; die schriftliche Erklärung der Einwilligung ist bei der Einlegung der sofortigen weiteren Beschwerde einzureichen.

Im übrigen sei wegen des Verfahrens noch auf DVO. Art 117 ff. im besonderen z. B. auf Art. 124 (Form für die Einlegung der Beschwerde) hingewiesen.

e) **Rechtskraft.**

Die rechtskräftige Entscheidung der Aufwertungsstelle ist für die Gerichte und Verwaltungsbehörden bindend (VO. Art. 11; AG. § 75 Satz 1). Die Entscheidung ist jedoch selbstverständlich nur bindend zwischen den Parteien. Will ein anderer Versicherter die entsprechende Herabsetzung seines Anspruchs nicht anerkennen und verhält sich die Gesellschaft ablehnend, dann muß der Versicherte gegebenenfalls klagen. In diesem Prozeßverfahren wird die Gesellschaft alsdann wiederum Herabsetzungsantrag nach Art. 4 bei der Aufwertungsstelle stellen müssen. Wenn sich der Versicherte darauf einläßt, kann auch ohne vorherige Klage das Verfahren vor der Aufwertungsstelle stattfinden. Bei neuen Herabsetzungsanträgen der Gesellschaft wird sich die Aufwertungsstelle allerdings ohne neue Beweisaufnahme auf das Ergebnis der früher anhängigen Sache stützen können. Es ist jedoch erst die erneut ergangene Entscheidung für den neuen Antragsgegner im Sinne des § 75 bindend. Die Aufwetrungsstelle wird um so eher auf die frühere Entscheidung zurückgreifen können, als infolge der besprochenen Vorschrift über die ausschließliche Zuständigkeit stets die gleiche Stelle in Betracht kommt (vgl. Anm. 5a).

f) Kosten.

Die Kosten des Sachverständigen trägt die Versicherungsunternehmung, wenn die Zuziehung auf deren Antrag erfolgte. Dies schien der Billigkeit zu entsprechen, da es sich um ein Verfahren handelt, das im wesentlichen im Interesse der Versicherungsunternehmungen gelegen ist. Es konnte, da mit Rücksicht auf die Ausführungen unter Anm. 2 sowie 3a und e der Versicherer sich in späteren Fällen meist auf die früher ergangene Entscheidung wird berufen können, dem ersten Antragsgegner im Verfahren vor der Aufwertungsstelle nicht zugemutet werden, bei der vielleicht für alle künftigen Fälle wichtigen Entscheidung unter Umständen die Kosten des Sachverständigen zu tragen. Im übrigen gilt AG. § 76. Danach erhebt die Aufwertungsstelle nach Maßgabe der Durchführungsbestimmungen eine Gebühr und verteilt die Kosten auf die Beteiligten nach billigem Ermessen.

Ausschluß der Aufwertung. Anmeldefrist.

Artikel 5[1].

(1) Soweit der Versicherer bei Versicherungsverträgen der in den Artikeln 2 und 3 genannten Art

bereits Zahlung geleistet hat, findet keine Aufwertung statt, es sei denn, daß der Versicherte es ausdrücklich abgelehnt hat, die Leistung als Erfüllung anzunehmen[2]. Soweit eine solche Ablehnung stattgefunden hat oder eine Zahlung noch nicht erfolgt ist, kann die Aufwertung nur gefordert werden, wenn der Antrag vor dem 1. Oktober 1926 bei dem Versicherer eingeht[3, 5].

(2) Soweit nach Abs. 1 eine Aufwertung nicht stattfindet, kann sie auch wegen ungerechtfertigter Bereicherung oder auf Grund einer Anfechtung wegen Irrtums oder aus einem anderen Rechtsgrund nicht verlangt werden[4]. Ansprüche wegen arglistiger Täuschung bleiben unberührt[4].

(3) Für die Leistung des Aufwertungsbetrags kann auf Antrag des Versicherers durch die Aufwertungsstelle Stundung bis zu 3 Monaten bewilligt werden[6].

1. Leitender Grundgedanke.

In Art. 5 sind zunächst einige wichtige Fragen behandelt, die den etwaigen Ausschluß der Aufwertung für den Fall zum Gegenstand haben, daß der Versicherte gewisse Rechtshandlungen nicht vornimmt oder nicht vorgenommen hat. Einmal soll die Aufwertung ausgeschlossen sein, wenn der Versicherte die frühere Zahlung als Erfüllung angenommen hat. Ferner geht in den Fällen, in welchen eine Aufwertung verlangt werden kann, der Anspruch auf diese verloren, wenn der Antrag nicht vor dem 1. Oktober 1926 bei dem Versicherer eingeht.

Der Ausschluß der Aufwertung im Falle der vorbehaltlosen Leistungsannahme war nach Lage der Verhältnisse nicht zu umgehen. Denn für die Versicherungsunternehmungen wäre die Gefahr des Wiederauflebens endgültig erledigter Schadenfälle besonders bedrohlich und wesentlich größer als für andere Unternehmungen gewesen, weil es sich im Versicherungsgeschäft um einen massenhaften Abschluß typischer Verträge handelt. Für solche Fälle waren Schadenreserven zum Teil überhaupt nicht vorhanden; sie brauchten auch bei den bis zum letzten Viertel des Jahres 1923 in der Rechtsprechung festgehaltenen und von der Reichsregierung ebenfalls anerkannten Grundsätzen (Mark = Mark) nicht zurückgestellt zu werden. Zu besorgen war weiter, daß das Vertrauen des Auslandes in die deutsche Versicherungswirtschaft wieder erschüttert worden wäre, wenn es die Gesellschaften infolge des unerwarteten Wiederauftauchens bereits längst als erledigt betrachteter Verpflichtungen immer noch keine Möglichkeit gehabt hätten, eine zuverlässige und nunmehr endgültig maßgebende Bilanz aufzustellen. Besonders in der Haftpflichtversicherung z. B. wäre es nahezu unmöglich gewesen, nachträglich eine Schadensfeststellung und Rekonstruktion der Goldwerte für die Schäden aus den letzten Inflationsjahren vorzunehmen. Endlich durfte auch nicht außer acht gelassen werden, daß bei einem rückwirkenden Wiederaufleben von Versicherungen den Gesellschaften Arbeiten und Kosten erwachsen wären, die in keinem Verhältnis zu den für die Versicherten in Betracht kommenden Vorteilen gestanden hätten. Man hielt es daher für geboten, der Gefahr einer allzugroßen Belastung durch gewisse Einschränkungen vorzubeugen, wie dies in Abs. 1 Satz 1 geschehen ist.

Ferner erschien eine bestimmte Ausschlußfrist für nachträglich geltend gemachte Aufwertungsansprüche erforderlich (Satz 2), damit die Versicherungsunternehmungen sich wenigstens in absehbarer Zeit Klarheit darüber verschaffen können, wie groß die Zahl und die finanzielle Tragweite solcher Fälle ist, mit deren Regelung sie zu rechnen haben.

Um den Versicherungsgesellschaften erforderlichenfalls — auch im Interesse der gleichmäßigen Behandlung sämtlicher Versicherter — die Möglichkeit eines Überblicks über ihre gesamten Aufwertungsverpflichtungen zu geben, ist in Abs. 3 bestimmt, daß für die Leistung des Aufwertungsbetrages auf

Antrag des Versicherers durch die Aufwertungsstelle Stundung bis zu drei Monaten bewilligt werden kann.

2. Ausschluß der Aufwertung bei Nichtablehnung der Leistung als Erfüllung.

Art. 5 Abs. 1 behandelt einige Sonderfälle über den Ausschluß der Aufwertung (wegen sonstiger Fälle s. Art. 1 Anm. 6). Hat der Versicherte es nicht ausdrücklich abgelehnt, eine etwaige Leistung der Gesellschaft als Erfüllung anzunehmen, so kann Aufwertung nicht mehr verlangt werden.

a) Das AG. spricht in Fällen ähnlicher Art regelmäßig von einer Annahme mit oder ohne Vorbehalt (vgl. AG. §§ 14, 35, 53, 57, 60 Abs. 3). Die hier vorliegende Fassung ist schärfer und enger. Der Versicherte mußte also klar und deutlich seinen Willen zur Nichtannahme als Erfüllung zu erkennen gegeben haben. Ein gewöhnlicher Ausdruck der Unzufriedenheit mit der Leistung kann nicht berücksichtigt werden. Ist die Leistung nicht ausdrücklich als Erfüllung abgelehnt, dann kann auch nicht etwa aus dem Umstand, daß die Entschädigungssumme total entwertet war, geschlossen werden, daß der Versicherte mit Rücksicht auf Treu und Glauben nur unter Vorbehalt habe annehmen wollen.

Den Nachweis dafür, daß die Leistung nicht als Erfüllung angenommen wurde, hat der Versicherte zu bringen. Selbstverständlich kann eine Ablehnung als Erfüllung auch dann vorliegen, wenn der Versicherte den Entschädigungsbetrag nicht zurückgewiesen, sondern behalten hat.

Ist eine Ablehnung der erwähnten Art nachweislich erfolgt, dann kommt für die Sachversicherung und die wie diese geregelten Versicherungen Art. 3 Abs. 2 (vgl. auch die dortigen Anm.) in Frage. Zu ersetzen ist der Unterschied zwischen dem Goldwert der Entschädigungssumme am 30. Tage nach der Schadenanzeige und dem am Tage der Zahlung.

In den Fällen des Art. 2 (Haftpflichtversicherung) wird die Aufwertungsleistung nach den maßgebenden Bestimmungen berechnet und der Goldmarkwert der geleisteten Zahlung davon in Abzug gebracht.

b) Liegen die Voraussetzungen des Art. 5 Abs. 1 Satz 1 vor, d. h. ist keine Ablehnung erfolgt, so hat dies zur Folge, daß ein Aufwertungsanspruch auf Grund der VO. insoweit nicht besteht.

c) Art. 5 bezieht sich auf alle in Art. 2 und 3 der VO. geregelten Fälle, im besonderen also auch auf Art. 3 Abs. 4. Bei dem Fall der Seekaskohaftpflichtversicherung ist somit, wenn bei der Leistung keine Ablehnung als Erfüllung erfolgt ist, die Aufwertung ebenfalls ausgeschlossen.

d) In Art. 5 Satz 1 heißt es ausdrücklich: „Soweit der Versicherer ..... Zahlung geleistet hat.“ Ist also nur hinsichtlich eines Teilbetrages gezahlt worden, so gilt Art. 5 hinsichtlich des Teilbetrages. Vgl. im besonderen die Beispiele in Art. 3 Anm. 8.

3. Anmeldung des Aufwertungsanspruches innerhalb einer Ausschlußfrist.

Soweit eine Ablehnung der Leistung als Erfüllung stattgefunden hat (Anm. 2) oder soweit eine Zahlung noch nicht erfolgt ist, kann die Aufwertung nur gefordert werden, wenn der Antrag vor dem 1. Oktober 1926 bei dem Versicherer eingeht. Es handelt sich hier um eine gesetzliche Ausschlußfrist, ähnlich wie z. B. in AG. §§ 8, 12, 23 usw. Eine Bestimmung, wonach in den Fällen der §§ 203, 204, 206, 207 des BGB. eine Hinausschiebung der Frist stattfindet, ist hier nicht vorgesehen. Diese Ausnahmen dürften auch für die Versicherungsansprüche kaum in Frage kommen. Von Bedeutung wäre vielleicht BGB. § 206 (Fehlen eines gesetzlichen Vertreters bei Geschäftsunfähigen und beschränkt geschäftsfähigen Personen). In diesem wohl nicht häufig vorkommenden Falle wird man annehmen können, daß trotz etwaigen Fristablaufs eine spätere Anmeldung doch noch möglich ist.

In den Fällen des Art. 5 Abs. 1 Satz 2 besteht ein Anspruch auf Aufwertung allerdings unter der auflösenden Bedingung, daß die im Gesetze vorgesehenen Voraussetzungen vorliegen, im besonderen die vorgeschriebene Frist nicht ohne Vornahme der Anmeldung verstreicht. Der Antrag muß vor dem 1. Oktober 1926 bei der Versicherungsunternehmung eingegangen sein. Es handelt sich um eine empfangsbedürftige Willensklärung, für welche die §§ 130 ff. BGB. maßgebend sind. Die Bestimmung gilt für alle in der VO. ausdrücklich geregelten Aufwertungsfälle, also für die in Art. 2 und 3 erwähnten Tatbestände. Im besonderen ist die Anmeldung auch bei der Seekaskohaftpflichtversicherung (Art. 2 Abs. 4) erforderlich. Soweit allerdings — was bei der Haftpflichtversicherung möglich ist (Art. 2 Anm. 3e) — noch kein Schadensfall eingetreten, kann auch keine Anmeldefrist bis zum 1. Oktober 1926 laufen.

Die Bestimung bezieht sich auch auf die Fälle, in welchen eine Teilleistung erfolgt ist (s. oben Anm. 2d). Hier ist ebenfalls ein Antrag zu stellen.

4. Kein Anspruch nach den Vorschriften über ungerechtfertigte Bereicherung usw.

Abs. 2 entspricht den §§ 19, 35 Abs. 5 § 53 Abs. 5, § 57 Abs. 2, § 60 Abs. 3. Es wird auf Schrifttum und Rechtsprechung zu diesen Bestimmungen verwiesen. Eine Anfechtung wegen arglistiger Täuschung (BGB. § 123) ist nicht ausgeschlossen

5. Fälligkeit des Aufwertungsanspruchs. Verzinsung.

Der Aufwertungsanspruch ist mit dem Inkrafttreten der VO. (s. Art. 13 und Anm.), also dem 25. Mai 1926, entstanden (vgl. auch oben Anm. 3) und fällig geworden. Der Versicherte kann sofort die Leistung verlangen (BGB. § 271). Wegen Bewilligung einer Zahlungsfrist s. Anm. 6.

Der Zinsenlauf beginnt nicht sofort. Der Anspruch hierauf entsteht erst, wenn Verzug vorliegt (BGB. § 284 Abs. 2), wenn also die Versicherungsgesellschaft auf eine Mahnung des Versicherten nicht leistet. Zu erwähnen ist hier die Bestimmung von HGB. § 353, wonach Kaufleute untereinander berechtigt sind, für ihre Forderungen aus beiderseitigen Handelsgeschäften vom Tage der Fälligkeit an Zinsen zu fordern. Immerhin kann die Frage zweifelhaft sein, ob diese Vorschrift anwendbar ist, da ja die Gesellschaft vor der Anmeldung der Forderung überhaupt noch nicht weiß, ob für sie eine Zahlung in Frage kommt, und da außerdem ihre Verpflichtung nur unter der auflösenden Bedingung besteht, daß vor dem 1. Oktober 1926 eine Anmeldung erfolgt. Für die Zeit vor der Anmeldung können daher grundsätzlich Zinsen nicht verlangt werden. Was die Zinsenhöhe anlangt, so kommen die gesetzlichen Vorschriften und der Inhalt des Vertrages — allgemeine Versicherungsbedingungen — in Betracht (vgl. auch Mügel, zu § 28 Anm. 1 am Anfang). Der Zinssatz beträgt hiernach z. B. in der Feuerversicherung regelmäßig 4 v. H. (VVG. § 94, Allgemeine Feuerversicherungsbedingungen § 15). Vgl. auch Hager-Bruck zu VVG. § 94 Anm. 1.

Wegen Nichtaufwertung der Zinsen s. Art. 3 Anm. 6.

6. Stundungsbewilligung.

a) Der Versicherer kann den Antrag stellen, daß ihm für die Leistung eine Zahlungsfrist gewährt wird. Es erschien zweckmäßig, eine solche Bestimmung aufzunehmen und dem Versicherer die Möglichkeit zu geben, einen gewissen Überblick über die zur Regelung kommenden Forderungen zu erlangen. Dadurch wird er gegebenenfalls auch in den Stand gesetzt, zu der Frage Stellung zu nehmen, ob er Herabsetzung nach Art. 4 beantragen muß.

b) Durch die einzelnen Stundungen wird im besonderen auch erreicht, daß keine Verzugsfolgen wegen Nichtleistung eintreten. Immerhin wird man annehmen können, daß der Zinsenlauf in Höhe des gesetzlichen oder vertraglichen Zinssatzes mit der Anmeldung trotzdem beginnt.

c) Für die Entscheidung zuständig ist die Aufwertungsstelle. Für das Verfahren sind AG. §§ 73 und DVO. Art. 117 maßgebend. Aufwertungsstelle ist grundsätzlich das Amtsgericht, bei welchem der Schuldner seinen allgemeinen Gerichtsstand hat. Für die Rechtsmittel gilt AG. § 74. Wegen der Verfahrensvorschriften vgl. auch Art. 4 Anm. 3.

Vergleiche.

Artikel 6.

Vergleiche über Ansprüche der in den Artikeln 2 und 3 bezeichneten Art, die den Zweck hatten, den Streit oder die Ungewißheit über die Höhe des infolge der Geldentwertung zu zahlenden Betrags zu beseitigen, bleiben unberührt.

Die Vorschrift, daß Vergleiche über Ansprüche der in den Art. 2 und 3 bezeichneten Art, die den Zweck hatten, den Streit oder die Ungewißheit über die Höhe des infolge der Geldentwertung zu zahlenden Betrags zu beseitigen, unberührt bleiben, entspricht mit einer, allerdings erheblichen, Ausnahme im wesentlichen dem § 67 Abs. 1 Satz 1 AG. (Es sei daher auf Rechtsprechung und Schrifttum hierzu verwiesen; vgl. auch Teil I. S. 66 ff. sowie Berliner, Die Nichtberücksichtigung von Versicherungsansprüchen im Aufwertungsverfahren, Zeitschr. f. Vers.wesen, 1926 S. 89 ff.). Der Unterschied gegenüber AG. § 67 besteht jedoch darin, daß auch Vergleiche, die in der sog. Rückwirkungszeit (15. Juni 1922 bis 14. Februar 1924) abgeschlossen sind, wirksam bleiben. Die Vorschrift entspricht der in Art. 5 Abs. 1 getroffenen Regelung, wo ebenfalls bei Annahme ohne Vorbehalt der Rechte keine Rückwirkung vorgesehen ist (vgl. Art. 5 Anm. 1). Eine Ausnahme, die dem § 67 Abs. 2 AG. (Rückwirkung) entsprochen hätte, konnte mit Rücksicht auf die besonderen Verhältnisse der unter die VO. fallenden Versicherung auch hier nicht vorgenommen werden. — Wie bereits an anderer Stelle hervorgehoben wurde, ist für Versicherungsunternehmungen die Gefahr des Wiederauflebens endgültig erledigter Schadensfälle besonders bedrohlich und wesentlich größer als für andere Betriebe, weil es sich im Versicherungsgeschäft um den massenhaften Abschluß typischer Verträge handelt.

Art. 6 gilt für alle in Art. 2 und 3 geregelten Versicherungsansprüche, also auch für die mittelbaren Kollisionsschäden in der Seeversicherung (Art. 2 Abs. 4). Für die Hagel- und Viehversicherung, bei der eine Aufwertung überhaupt nicht in Frage kommt, findet sich eine entsprechende Bestimmung in Art. 9 Satz 2.

Es bedarf fast keines besonderen Hinweises, daß Art. 6 nur gilt, soweit der Streit oder die Ungewißheit über die Höhe des infolge der Geldentwertung zu zahlenden Betrages beseitigt werden soll. Im übrigen bleiben die allgemeinen Bestimmungen, im besonderen § 779 BGB., maßgebend. Selbstverständlich gehört zum Wesen des Vergleichs ein beiderseitiges Nachgeben; ist also ungeachtet des Streits oder der Ungewißheit über die Aufwertung infolge einseitigen Nachgebens des Versicherten nur der Nennbetrag oder infolge einseitigen Nachgebens der Gesellschaft der vom Gläubiger geforderte Betrag gezahlt, so liegt kein Vergleich vor (vgl. auch Michaelis zu AG. § 67 Anm. 3). Anderseits ist zu beachten, daß in derartigen Fällen regelmäßig mit Rüsicht auf VO. Art. 5 Abs. 1 eine Aufwertung ausgeschlossen sein dürfte, da bei einem Vergleich wohl kaum der Fall vorliegen wird, daß der Versicherte es abgelehnt hat, die Leistung als Erfüllung anzunehmen

Rechtskräftige Urteile.

Artikel 7.

Ist die Aufwertung von Ansprüchen der in den Artikeln 2 und 3 bezeichneten Art durch eine rechtskräftige gerichtliche Entscheidung geregelt, so behält es dabei sein Bewenden.

Die Vorschrift, daß es dabei verbleiben soll, wenn die Aufwertung durch eine rechtskräftige gerichtliche Entscheidung geregelt ist, entspricht im wesentlichen den §§ 68 und 78 Satz 2 AG. (Verwiesen sei auf Teil I S. 66 ff. sowie auf das in Art. 6 am Anfang aufgeführte Schrifttum.) Auch hier konnte eine Rückwirkung nicht in Frage, die Gründe sind die gleichen wie im Falle des Art. 6.

Art. 7 gilt ebenfalls für alle in Art. 2 und 3 behandelten Versicherungsansprüche; für die Hagel- und Viehversicherung enthält Art. 9 Satz 3 eine entsprechende Vorschrift.

Voraussetzung ist, daß der erhobene Anspruch auf Aufwertung den Gegenstand der Entscheidung bildete. Hat also ein Gläubiger den Papiermarkbetrag seines Anspruches eingeklagt, ohne eine Aufwertung geltend zu machen, und ist ihm daraufhin der eingeklagte Betrag rechtskräftig zugesprochen, so steht diese Entscheidung einer nachträglichen Geltendmachung des Aufwertungsbetrages unter Anrechnung des Goldmarkwertes des rechtskräftig zugesprochenen Betrages regelmäßig nicht entgegen (Michaelis zu § 68 Anm. 1; RGZ. 109, 345; 110, 127). Immerhin ist auch hier im Einzelfall zu prüfen, ob nicht etwa mit Rücksicht auf VO. Art. 5 Abs. 1, also wegen Nichtablehnung der Leistung als Erfüllung, die Aufwertung ausgeschlossen ist.

Selbstverständlich betrifft Art. 7 nur Urteile, welche zwischen Versicherten und Versicherungsgesellschaft ergangen sind, nicht etwa, wie es bei der Haftpflichtversicherung vorkommt, das Rechtsverhältnis zwischen dem Beschädigten und dem Versicherten.

Ist nur hinsichtlich eines Teils des bestehenden Anspruchs ein rechtskräftiges Urteil ergangen, so richtet sich noch wegen des Restes der Forderung die Aufwertung nach Art. 2, 3 u. ff. Angenommen ein versicherter Automobilfahrer habe zwei Personen überfahren. Wegen des Anspruchs der einen Person sei die Versicherungsgesellschaft rechtskräftig zu einer Aufwertung von 80 v. H. durch die Gerichte verurteilt worden. Der Inhalt der Entscheidung bleibt auch weiterhin maßgebend. Dagegen kommt für den Anspruch der zweiten Person, falls ein rechtskräftiges Urteil noch nicht vorliegt, nur Aufwertung nach Art. 2 in Höhe von 20 v. H. in Frage.

Zweifelhaft kann sein, wie der Fall zu beurteilen ist, wenn der Versicherer zur Zahlung einer Haftpflichtrente rechtskräftig verurteilt ist, die sich höher als auf 20 v. H. der Haftpflichtschuld beläuft, und wenn nachträglich die Rente des Beschädigten eine Erhöhung erfährt (ZPO. § 323). Hier ist anzunehmen, daß das Urteil zunächst weiterhin maßgebend bleibt. Der Versicherer muß jedoch dann einen höheren Betrag zahlen, wenn infolge der Erhöhung 20 v. H. der nunmehr an den Beschädigten zu zahlenden Summe den rechtskräftig festgesetzten Betrag überschreiten; Art. 2 Abs. 1 Satz 2 gilt also hier, d. h. für einen höheren Betrag als den Goldmarkbetrag der Versicherungssumme hat der Versicherer nicht aufzukommen (vgl. Art. 2 Anm. 3c).

Beispiel: Die Versicherungsgesellschaft sei aus einem Haftpflichtversicherungsvertrage durch das Gericht zur Zahlung einer Rente von 1200 Goldmark, die einem Satze von 100 v. H. der Haftpflichtschuld entsprechen, verurteilt worden. Nachträglich erhöht sich der Anspruch des Geschädigten, also die Haftpflichtschuld, auf eine Rente von 1800 RM. Da hier 20 v. H. der neuen Haftpflichtschuld nur 360 Mark betragen, bleibt auch weiterhin der Inhalt des Urteils — Verpflichtung zur Zahlung von 1200 RM. — maßgebend. Würde auf Grund der Umrechnung gemäß VO. Art. 2 Abs. 1 Satz 2 die Höchstgrenze, z. B. 1100 oder 1200 oder 1300 Goldmark betragen, so hätte der Versicherer in den beiden ersten Fällen stets nur bis zum Betrage von 1200 RM., im letzteren Falle nur bis zu 1300 RM. aufzukommen, und zwar auch dann, wenn die Rente z. B. etwa nachträglich auf 8000 Mark erhöht würde.

Erfolgt anderseits eine Herabsetzung der Entschädigungsverpflichtung (vgl. AVB. für die Haftpflichtversicherung § 5 Nr. 5), so dürfte die von der Gesellschaft zu gewährende Leistung ebenfalls nicht nur 20 v. H. der neu festgestellten Summe betragen. Es wird vielmehr die Urteilssumme im gleichen Verhältnis wie die Entschädigungsverpflichtung des Versicherten herabgesetzt. Wird im obigen Beispiel (bei 100 v. H. Aufwertung) die Rente von 1200 auf 600 RM. herabgesetzt, so hat der Versicherer nicht etwa 20 v. H. = 120 RM., sondern die vollen 600 RM. zu leisten.

Ausschluß eines Rückforderungsrechts.

Artikel 8.

Hat der Versicherer bereits mehr geleistet, als er nach dieser Verordnung zu leisten verpflichtet ist, so behält es dabei sein Bewenden.

Die Vorschrift entspricht dem Art. 23 der DVO. Es soll damit ausdrücklich klargestellt werden, daß die Vorschriften der VO. über die Aufwertung nicht dazu führen dürfen, daß bereits gezahlte Beträge, welche vielleicht die in der VO. vorgesehenen Leistungen übersteigen, zurückgefordert werden.

Hagel- und Viehversicherung.

Artikel 9.

Ansprüche der Versicherten aus Hagel- und Viehversicherungsverträgen werden nicht aufgewertet. Vergleiche über Ansprüche dieser Art, die den Zweck hatten, den Streit oder die Ungewißheit über die Höhe des infolge der Geldentwertung zu zahlenden Betrags zu beseitigen, bleiben unberührt. Ist die Aufwertung von solchen Ansprüchen durch eine rechtskräftige gerichtliche Entscheidung geregelt, so behält es dabei sein Bewenden.

Bei der Hagel- und Viehversicherung wird der überwiegende Teil des Versicherungsgeschäftes auf der Grundlage der Gegenseitigkeit betrieben. Die Prämien werden vielfach im Wege des Umlageverfahrens nachträglich eingezogen. Eine Aufwertung der Entschädigung könnte also nur unter der Voraussetzung vorgenommen werden, daß auch die Prämiennachschüsse entsprechend aufgewertet würden. Die Aufwertung der Nachschüsse würde aber eine höchst unerwünschte Beunruhigung in die Kreise der Versicherten tragen, unverhältnismäßige Arbeit und Kosten verursachen und vor allem deshalb praktisch gar nicht durchführbar sein, weil seit 1923 der Mitgliederbestand der Gesellschaften vielfach gewechselt hat. Ein Bedürfnis zur Aufwertung hat sich, soviel bekannt, in der landwirtschaftlichen Versicherung auch nicht gezeigt. Meist haben sich die Gesellschaften bei Aufwertungsansprüchen, die geltend gemacht wurden, mit den Versicherten geeinigt. Im Interesse der Rechtssicherheit empfahl es sich daher, bei der Hagel- und Viehversicherung eine nachträgliche Aufwertung der Ansprüche der Versicherten ausdrücklich auszuschließen.

Selbstverständlich sollen Vergleiche und rechtskräftige Urteile, durch welche in einzelnen Fällen eine Aufwertung etwa bereits ausgesprochen worden ist, unberührt bleiben (Satz 2 und 3). Es wird hierzu auf die Bemerkungen zu Art. 6 und 7 verwiesen.

Rückversicherung.

Artikel 10.

Auf Ansprüche aus Rückversicherungsverträgen finden die Bestimmungen dieser Verordnung keine Anwendung.

Verschiedentlich, teilweise auch in Kreisen der Direktversicherer und der Rückversicherer wurde die Ansicht vertreten, daß die Regelung der Beziehungen zwischen Erstversicherern und Rückversicherern nicht unter § 59 Abs. 2 AG. fallen. Ferner wurde vielfach die Ansicht vertreten, daß für die Rückversicherung eine allgemeine Regelung durch die Verordnung nicht notwendig sei; das Rechtsverhältnis richte sich nach der Lage des jeweiligen Einzelfalles. Es wurde allgemein angenommen, daß es sich hierbei um Fragen handle, deren Entscheidung besser den ordentlichen Gerichten oder den in den Rückversicherungsverträgen meist vorgesehenen Schiedsgerichten vorbehalten bleibe. Um zu vermeiden, daß die Generalvorschrift in Art. 3 Abs. 1 gegebenenfalls von den Gerichten auch auf die Rückversicherung für anwendbar erklärt wird, erschien es angezeigt, eine besondere dies ausschließende Bestimmung aufzunehmen.

Es ist in Art. 10 ausdrücklich bestimmt, daß die Vorschriften der VO. auf Ansprüche aus Rückversicherungsverträgen keine Anwendung finden. Es ist nicht wie in Art. 2 Abs. 4 (s. Art. 2 Anm. 5) vorgeschrieben, daß die Aufwertung „nach Maßgabe der allgemeinen Vorschriften" erfolge. Dies bedeutet, daß die Frage der Aufwertung sowohl nach allgemeinen Grundsätzen als auch nach den Vorschriften des AG. zu beurteilen ist.

Soweit es sich um Rückversicherungsansprüche hinsichtlich der in § 59 Abs. 1 AG. geregelten Versicherungen handelt, kommt mit Rücksicht auf die getroffene Regelung — die Aufwertung richtet sich nach der Höhe der aufgewerteten Mittel der Versicherungsunternehmung — Aufwertungsansprüche gegen die Rückversicherer grundsätzlich nicht in Frage. Die Ansprüche aus Lebensversicherungen erstrecken sich nämlich in der Hauptsache auf die Prämienreserve. Deren Goldmarkbetrag bildet die Maßzahl, mit der die Versicherten zur Befriedigung ihrer Ansprüche an der Masse beteiligt werden. Da aber gemäß § 58 VAG. der Erstversicherer entgegen den früheren Gepflogenheiten vor Inkrafttreten des VAG. die Prämienreserve selbst zu verwahren und zu verwalten hat, hat er normalerweise hinsichtlich der Prämienreserve keine Forderung an den Rückversicherer. Auch soweit die Ansprüche der Versicherten bei den vor dem 14. Februar 1924 eingetretenen Todesfällen sich auf die Versicherungssumme erstrecken — wiederum nur als Maßzahl für die Verteilung des Aufwertungsstocks —, dürfte eine Teilhaftung des Rückversicherers nicht in Frage kommen, weil die auf die Risikosumme entfallenden Aufwertungsanteile auch den Erstversicherer gar nicht belasten, sondern mittelbar zu Lasten der am Aufwertungsstock beteiligten Gläubiger gehen. Eine Heranziehung des Rückversicherers aus diesem Grunde durch den Treuhänder kann aber auch für diese Fälle kaum in Frage kommen, da der Rückversicherer die bei der Berechnung der Maßzahl gegebenenfalls zugrunde gelegten Goldprämien überhaupt nicht erhalten hat.

Im übrigen kann nach allgemeinen Rechtsgrundsätzen ein Anspruch auf Aufwertung im wesentlichen unter dem Gesichtspunkt des Verzugs, der Äquivalenz, von Treu und Glauben gegeben sein. Ob einer dieser Fälle vorliegt, läßt sich nur nach Lage des einzelnen Falles beurteilen. Wie Herrmannsdorfer (vgl. hierzu und zum folgenden auch Herrmannsdorfer, Rückversicherung und Aufwertung in „Die Rückversicherung", Monatsbeilage der „Versicherung und Geldwirtschaft" 1926, Nr. 2 Seite 5) mit Recht darlegt, lag es im Wesen des Rückversicherungsbetriebes, daß die Rückversicherungsgesellschaften die Prämie in der Inflationszeit nur in vollkommen entwertetem Zustande erhielten. Es fehlte also bei ihnen jedes Äquivalent für ihre Leistungen. Man wird daher im allgemeinen annehmen können, daß eine Heranziehung des Rückversicherers nicht in Frage kommt. Gegen die Aufwertung der Rückversicherungsansprüche dürfte noch ein weiterer Grund sprechen: Im Jahre 1923, als die Entwertung einen immer größerem Umfang annahm, trafen die Vertragsparteien in der Regel Vereinbarungen, wonach die Rückversicherer auf die Zahlung der Papiermarkprämie verzichteten, dafür aber sich auch an den Schadenszahlungen aus dem Papiermarkgeschäft nicht mehr beteiligten. In einer derartigen Abmachung wird meist eine endgültige summarische Abrechnung des Papiermarkgeschäfts zu erblicken sein, nach der die gegenseitigen Forderungen sich ausgleichen. Es dürfte insoweit die Bestimmung des AG. § 65 in Frage kommen, wonach Ansprüche aus einem Kontokorrent oder einer andern laufenden Rechnung, unbeschadet anderweitiger Vereinbarungen, grundsätzlich nicht aufgewertet werden.

Anwendung von Vorschriften des AG.

Artikel 11.

Soweit sich nicht aus den Bestimmungen dieser Verordnung etwas anderes ergibt, finden die Vorschriften des Elften und Zwölften Abschnitts des Aufwertungsgesetzes sinngemäße Anwendung.

Wie bereits in Art. 1 Anm. 2 ausgeführt, gelten die allgemeinen Bestimmungen des AG. regelmäßig auch für die VO. Es sollte jedoch, um etwaigen Zweifeln vorzubeugen, durch Art. 11 noch besonders zum Ausdruck kommen, daß die Bestimmungen des XI. und XII. Abschnittes des AG. (§§ 69 bis 88) auch auf die gemäß § 59 Abs. 2 des AG. geregelten Fälle Anwendung finden. Selbstverständlich gelten nicht nur die in Betracht kommenden Vorschriften des AG., sondern auch die entsprechenden Bestimmungen der DVO. Im besonderen sind z. B. zu erwähnen, die bereits in Art. 4 Anm. 3a, d, e, f besprochenen Bestimmungen über die Aufwertungsstelle und das Verfahren vor dieser. Ferner seien hervorgehoben die §§ 79, 81 und 82 AG. Danach fällt dem Verwalter eines fremden Vermögens ein zum Schadensersatz verpflichtendes Verschulden nicht zur Last, wenn er im Vertrauen auf den Stand der Gesetzgebung oder der Rechtsprechung bei der Annahme von Leistungen oder den sonstigen Verfügungen über Ansprüche, die der Aufwertung nach den Vorschriften des AG. unterliegen, mit einer Aufwertung nicht gerechnet hat. Das Entsprechende gilt für Personen, die bei der Erteilung von Rat oder Auskunft mit einer Aufwertung nicht gerechnet haben (AG. § 79). AG. § 81 enthält eine Vorschrift über die Einstellung eines Aufwertungsausgleichspostens als Aktivum in die Bilanz, wenn bei einer Aktiengesellschaft infolge der Aufwertungsvorschriften sich ein Passivposten der Bilanz erhöht. In AG. § 82 ist bestimmt, daß jede Partei die ihr entstandenen außergerichtlichen Kosten trägt, und daß die Gerichtskosten niedergeschlagen werden, wenn infolge der gesetzlichen Aufwertungsvorschriften ein anhängiger Rechtsstreit seine Erledigung findet.

Ansprüche gegen öffentliche Versicherungsanstalten.

Artikel 12.

Die Vorschriften dieser Verordnung finden entsprechende Anwendung auf Versicherungsansprüche, die gegen eine nach Landesrecht errichtete öffentliche Anstalt gerichtet sind, soweit sie auf einem freiwilligen Vertragsabschluß beruhen und nicht die obersten Landesbehörden abweichende Bestimmungen treffen. Unberührt bleiben die landesgesetzlichen Vorschriften über die Aufwertung von Ansprüchen aus Versicherungen, die bei einer nach Landesrecht errichteten öffentlichen Anstalt unmittelbar kraft Gesetzes entstehen, sowie aus Versicherungen, die bei einer solchen Anstalt infolge eines gesetzlichen Zwanges oder eines gesetzlichen Ausschlußrechts genommen werden.

Die VO. hat nur private Versicherungsansprüche zum Gegenstand (nicht betroffen werden daher Rechte gegen Träger der Sozialversicherung als solche, wie z. B. gegen Berufsgenossenschaften).

In Betracht kommen zunächst Ansprüche gegen private Versicherungsunternehmungen. Bei diesen, meist Aktiengesellschaften oder Versicherungsvereine auf Gegenseitigkeit, handelt es sich um solche Betriebe, die ausschließlich oder hauptsächlich von nichtöffentlichen Rechtssubjekten oder Organen solcher unmittelbar oder mittelbar geleitet werden (vgl. z. B. Rehm zu VAG. § 1 Anm. 2B, ferner Hagen, Versicherungsrecht Bd. 1 S. 71 f.). Den privaten Versicherungsunternehmungen stehen die nach Landesrecht errichteten öffentlichen Versicherungsanstalten (Sozietäten) gegenüber. Letztere nehmen bereits auf Grund der bisherigen Versicherungsgesetzgebung eine Sonderstellung ein (vgl. VAG. §§ 119, 120; VVG. § 192). Auch die DVO. (Art. 116) hat für die dort behandelten Ansprüche gegen öffentliche Anstalten besondere Bestimmungen vorgesehen.

Ob es sich um eine öffentliche Anstalt handelt, ist im einzelnen Falle zu prüfen. VVG. § 192 Abs. 3 wird entsprechend auch hier zu gelten haben: Wird also eine Versicherungsunternehmung vom Reichsaufsichtsamt für Privatversicherung oder von der zuständigen Landesaufsichtsbehörde als öffentliche Anstalt im Sinne von VAG. § 119 anerkannt, so wird dies auch für die vorliegende VO. zu gelten haben. Öffentliche Anstalten bestehen — außer z. B. für die Unfall- und Haftpflichtversicherung sowie die Hagelversicherung — namentlich für die Feuerversicherung (Gebäude und Fahrnis). Sie sind teils — wie regelmäßig in Preußen — kommunale Einrichtungen (provinziale Anstalten, städtische Anstalten) oder landschaftliche, d. h. in Verbindung mit einem landschaftlichen Kreditinstitut verwaltete Anstalten, teils — wie in den meisten übrigen Gebieten des Deutschen Reiches — staatliche Anstalten. Es sind ferner folgende Gruppen öffentlicher Anstalten zu unterscheiden:

a) Anstalten, bei welchen das Versicherungsverhältnis unmittelbar kraft Gesetzes entsteht;

b) Anstalten, bei denen infolge gesetzlichen Zwanges die Versicherung genommen werden muß;

c) Monopolanstalten (die Versicherung ist an und für sich freigegeben, wenn sie aber genommen wird, dann darf dies nur bei der zuständigen öffentlich-rechtlichen Anstalt geschehen);

d) Wettbewerbsanstalten. (Die öffentlichen Anstalten stehen mit den privaten Versicherungsunternehmungen in Wettbewerb, und der Versicherungsvertrag kommt auf Grund freier Vereinbarung zustande).

Die Zwangs- und Monopolrechte beziehen sich immer nur auf die Gebäudeversicherung. Von Betrieben mit gemischtem Charakter kann man bei solchen Anstalten sprechen, die für die Versicherung einzelner Sachen Zwangs- oder Monopolrecht haben, jedoch hinsichtlich anderer mit den privaten Gesellschaften im freien Wettbewerb stehen.

Außer Zweifel ist, daß die Ermächtigung des § 59 Abs. 2 AG. sich nicht auf die unmittelbar kraft Gesetzes entstehenden Versicherungen (s. oben a) erstreckt. Aber auch bei den sonstigen auf Grund eines gesetzlichen Zwanges (s. oben b) genommenen Versicherungen kann angenommen werden, daß ein Versicherungs*vertrag* im eigentlichen Sinne nicht vorliegt; denn sie beruhen nicht auf einer freiwilligen Erklärung des Versicherten, sondern entstehen letzten Endes kraft Gesetzes. Die Grenzen zwischen diesen beiden Arten der öffentlich-rechtlichen Zwangsversicherungen sind derart flüssig, die Verhältnisse nach den maßgebenden Landesgesetzen und den auf ihnen beruhenden Satzungsvorschriften der einzelnen Anstalten so verschieden geregelt, daß vielfach Zweifel aufgetaucht und eine Trennung zwischen Versicherungen, die unmittelbar kraft Gesetzes entstehen oder denen ein Zwangsvertrag zugrunde liegt, einfach nicht möglich gewesen wäre. In VO. Art. 12 Satz 2 wurde einmal ausdrücklich bestimmt, daß die landesgesetzlichen Vorschriften unberührt bleiben hinsichtlich der Aufwertung von Ansprüchen aus Versicherungen, die bei einer nach Landesrecht errichteten öffentlichen Anstalt unmittelbar kraft Gesetzes entstehen oder infolge eines gesetzlichen Zwanges genommen werden. Auf diese Versicherungen findet also die VO. keine Anwendung. Eine derartige Regelung konnte um so eher erfolgen, als in manchen Ländern bereits Gesetze ergangen sind, in welchen die Frage der Geldentwertung eine gewisse Regelung erfahren hat.

Es kann dahingestellt bleiben, ob bei Monopolanstalten (s. oben c) die Versicherung auf einen freiwilligen Vertragsschluß beruht oder nicht. Denn in Art. 12 Satz 2 am Schluß ist ausdrücklich ausgesprochen worden, daß die landesgesetzlichen Vorschriften auch bei solchen Versicherungen unberührt bleiben, die bei einer öffentlichen Anstalt infolge eines gesetzlichen Ausschlußrechts (Monopolrecht, Bannrecht) genommen werden. Soweit hier die Zuständigkeit der Landesgesetzgebung nicht ohne weiteres gegeben ist (vgl. VVG. § 192 Abs. 2), wurde sie durch VO. Art. 12 Satz 2 im Wege der Ermächtigung begründet.

Die Vorschrift des § 59 Abs. 2 AG. kann sich anderseits auch auf Ansprüche gegen öffentliche Anstalten beziehen, soweit bei diesen das Versicherungsverhältnis auf Vertrag beruht. Letzteres ist einmal der Fall bei den oben unter d erwähnten Wettbewerbsanstalten, ferner bei den Anstalten mit gemischtem Charakter hinsichtlich der Versicherungsarten oder Einzelversicherungen, auf die sich der Zwang oder das Monopol nicht erstreckt. Die obersten Landesbehörden sind jedoch ermächtigt (VO. Art. 12 Satz 1), abweichende Bestimmungen zu treffen. Letzteres ist bisher, soweit bekannt, nicht geschehen. Grundsätzlich finden daher die Vorschriften der VO. Anwendung. Es ist somit möglich, daß bei dem gleichen Versicherungsverhältnis verschiedenes Recht anzuwenden ist, wenn z. B. Gebäude und bewegliche Sachen zusammen versichert sind und für erstere Versicherungszwang besteht.

Mit Zwangsrecht und z. T. Monopolrecht sind ausgestattet (vgl. auch Hellweg, Feuerversicherungsverträge mit Körperschaften des öffentlichen Rechts; Wirtschaft und Recht der Versicherung 1921 Nr. 1) die Anstalten von Bayern, Sachsen (mit Ausnahmen), Württemberg, Baden, Thüringen, Freistaat Hessen, Mecklenburg-Schwerin (beschränkt), Oldenburg, Braunschweig, Anhalt, Waldeck und Pyrmont, Lippe-Detmold, Stadt Berlin (Geschäftsbereich nicht gleichbedeutend mit dem heutigen Umfang von Groß-Berlin), Hamburg, Stettin, Breslau, Feuersozietät der Westpreußischen Landschaft zu Marienwerder, Nassauische Brandversicherungsanstalt in Wiesbaden, Landschaftliche Gebäudeversicherungsanstalten für das platte Land in Ostfriesland, für Städte und Flecken von Ostfriesland in Aurich, Hohenzollernsche Immobiliarfeuersozietät in Sigmaringen, Hessische Brandversicherungsanstalt in Cassel.

Ohne irgendwelche Zwangs- oder Monpolrechte arbeiten die übrigen Anstalten. Zu ihnen gehören z. B. alle öffentlichen Feuerversicherungsanstalten in Preußen mit Ausnahme der in der vorstehenden Aufstellung erwähnten, ferner die Anstalt in Mecklenburg-Strelitz für Städteversicherung und die Anstalt der Stadt Lübeck. Wegen näherer Einzelheiten sei noch verwiesen auf Gerhard-Hagen-Manes zu VVG. § 192 Anm. 2; Jahrbuch für die öffentlichen Feuerversicherungsanstalten in Deutschland; Domizlaff, Überblick über die landesrechtlichen, die Feuerversicherung betr. Vorschriften (Heft XIII der Veröfftl. d. Dtsch. Vereins für Versicherungswissenschaft).

Als Aufsichtsbehörden (vgl. z. B. VO. Art. 4 für Ernennung des Sachverständigen) sind meist die einzelstaatlichen Ministerien des Innern (in Preußen zunächst die Oberpräsidenten oder die Regierungspräsidenten) zuständig.

Bemerkt sei noch, daß auch die Wege der Rechtsverfolgung bei den einzelnen öffentlichen Anstalten verschieden sein können. Sie richten sich ebenfalls nach Landesrecht. Es kann die Zuständigkeit der ordentlichen Gerichte, aber auch die der Verwaltungsgerichte in Frage kommen.

Inkrafttreten.

Artikel 13.

Diese Verordnung tritt mit dem Tage ihrer Verkündung in Kraft.

Für die meisten Vorschriften der DVO. hat man den 15. Juli 1925, also den Tag des Inkrafttretens des AG., ebenfalls als Tag des Inkrafttretens bestimmt (DVO. Art. 153). Die besondere Eigenart der in AG. § 59 Abs. 2 erwähnten Versicherungsverträge ließ es zweckmäßig erscheinen, bei der VO. den Tag der Verkündung als Zeitpunkt des Inkrafttretens zu wählen.

Die VO. erschien zunächst in Nr. 118 des Deutschen Reichsanzeigers vom 25. Mai 1926 und alsdann in Teil I Nr. 31 Seite 249 des Reichsgesetzbl. vom 1. Juni 1926. Die Form der Verkündung einer Rechtsverordnung im Reichsanzeiger ist nach dem Gesetze vom 13. Oktober 1923 (Reichsgesetzblatt Teil I Seite 959) genügend. Der 25. Mai 1926 ist also als Tag der Verkündung und damit auch des Inkrafttretens der VO. anzusehen.

Wegen der besonderen Bedeutung dieses Zeitpunktes vgl auch Art 5 Anm. 4.

Berlin, den 22. Mai 1926.

Der Reichsminister der Justiz

Mit der Wahrnehmung der Geschäfte beauftragt:

Marx, Reichskanzler.

Stichwortverzeichnis.

(Die halbfetten Zahlen bedeuten die Nummern der Artikel, die gewöhnlichen die Nummern der Anmerkungen. S. mit einer Zahl bedeutet die Seite der Einleitung.)

A.

R.

S.

T.

W.

Z.

Gedruckt bei A. W. Hayn's Erben, Potsdam.

FSC
www.fsc.org
MIX
Papier | Fördert
gute Waldnutzung
FSC® C083411

Kolibri 360 GmbH
Ferdinand-Jühlke-Straße 7
99095 Erfurt, Deutschland
produktsicherheit@kolibri360.de